金雅 著

美趣与人生

中国文联出版社

图书在版编目（CIP）数据

美趣与人生 / 金雅著 . -- 北京 ：中国文联出版社，2025.3. --（尚美丛书）. -- ISBN 978-7-5190-5822-7

Ⅰ. B83

中国国家版本馆CIP数据核字第20258PD465号

中国文学艺术基金会
中国文学艺术发展专项基金　资助项目

著　　者	金　雅	
责任编辑	赵小慧	
责任校对	秀点校对	
装帧设计	贾闪闪	

出版发行　中国文联出版社有限公司
社　　址　北京市朝阳区农展馆南里10号　　邮编　100125
电　　话　010-85923025（发行部）　010-85923092（总编室）
经　　销　全国新华书店等
印　　刷　廊坊佰利得印刷有限公司

开　　本　889 毫米 ×1194 毫米　　1/32
印　　张　8.125
字　　数　160 千字
版　　次　2025 年 3 月第 1 版第 1 次印刷
定　　价　68.00 元

版权所有·侵权必究
如有印装质量问题，请与本社发行部联系调换

目 录

上 编 中国现代美学 六人谈	梁启超的"趣味"	003
	王国维的"境界"	026
	朱光潜的"情趣"	049
	宗白华的"情调"	063
	丰子恺的"真率"	087
	方东美的"生生"	108

下 编 中华美学的 趣味和大美	"趣味":从艺术到人生的 　　流变与拓展	137
	大美:中华美育精神的 　　意趣内涵和重要向度	144
	大我·无我·化我:中华美学的 　　大美构象和现代进路	162
	中华美学精神的实践旨趣 　　及其当代意义	193

附　录　向美而行 211
　　　　——致敬人生

后　记 250

上 编

中国现代美学六人谈

美学在中国，镌刻着深深的民族文化印记。

中华美学最为重要且具标识性的精神趣旨，是将审美、艺术、人生三种活动相融通，来创化和观审人的日常生活，创构和悦味人的审美生命。

梁启超的"趣味"

梁启超（1873—1929）的"趣味"，是一种生命状态，一种生命精神，也是一种美论，一种人生价值观。他的"趣味"美，是由艺术通至人生的大美。这个"趣味"的命题，是以"知不可而为"（源自孔子）和"为而不有"（源自老子）相统一的"无所为而为"即"不有之为"[1]的精神为根本，通过探讨"为"与"有"的张力关系，来倡扬生命的积极之"为"，但又不执着于成败得失。将创化与赏悦进合为一的纯粹实践品格，正是进入梁启超"趣味"美境的前置条件，也是实现梁氏"趣味"三内质——情感的激发、生命的活力、创造的自由——的根底。正是因为"不有"的精神内核和生命态度，"为"就拥有了勇逆俗潮的趋势，可以说这是一种力拨万难的崇高力量，也是一种气薄云霄的英雄主义气韵。因此，梁启超推崇"All or nothing"的屈子，赏悦想入仕则入、想出仕便出

---

[1] 金雅主编：《梁启超美学思想研究》，商务印书馆2012年版，第63页。

的陶公,激赏"独辟新界"的谭浏阳和"熔铸新理想"的黄公度。梁启超的"趣味",离不开挚情的加持,迸发着激扬淋漓的酣畅美。他的文字,总是能打进人的内心深处,仿如"野狐"掠过。

从艺术走向人生,是梁启超"趣味"精神突出的实践向度。"趣味"美的终极指向,是"为"。这个"为",最终就是去涵育"美术人",即涵成具有"完整人格"的审美的人,一种美的"新民",一种美好的理想的"现代人"。在"为"中,个体的人尽情舒畅生命,创造创化,不断进合,终而成就人生的"春意",迈入大美之境,个体、众生、宇宙进合无间,既是创化的美,也是赏悦的美。

因此,"趣味""并不是一般所言之乐趣,而是一种个体生命在尽己之'为'、勉力'做事'的具体践履中所体味到的至趣,也是个体生命超越'小我'之成败之执和得失之忧后的'化我'之至乐"[1]。

一、"趣味"的精神——"不有之为"

"趣味"是一种生命的"春意",它与具体的活生生的人生实践密切相连。这就是梁启超"趣味"的根本特点。

如何在人生实践中实现"趣味"呢?或者说怎样才可以达到"趣味"这一状态呢?在梁启超看来,就是要秉持

---

[1] 金雅:《大我·无我·化我:中华美学的大美构象和现代进路》,《社会科学战线》2024年第3期。

"知不可而为"和"为而不有"的统一。我把它称为"不有之为"[1]。这是实现"趣味"的根本条件。

> 假如有人问我:"你信仰的什么主义?"我便答道:"我信仰的是趣味主义。"有人问我:"你的人生观拿什么做根柢?"我便答道:"拿趣味做根柢。"我生平对于自己所做的事,总是做得津津有味,而且兴会淋漓。什么悲观咧、厌世咧这种字面,我所用的字典里头,可以说完全没有。我所做的事,常常失败——严格的可以说没有一件不失败——然而我总是一面失败一面做。因为我不但在成功里头感觉趣味,就在失败里头也感觉趣味。[2]

这是梁启超对自己的趣味思想的解读,可见他的"趣味主义"或曰"趣味"精神,根本的是要超越一般人对于"成功"和"失败"的俗念,破除一般人关于"成功"和"失败"的执念。

梁启超说,"知不可而为"主义,来自孔子。孔子是一个"知其不可而为之者"[3]。"知不可而为"主义,就是"把

---

[1] 金雅主编:《梁启超美学思想研究》,商务印书馆 2012 年版,第 63 页。
[2] 梁启超:《趣味教育与教育趣味》,载金雅、刘广新编选《梁启超美学文选》,中国社会科学出版社 2023 年版,第 20 页。
[3] 陈戍国点校:《四书五经》(上册),岳麓书社 2002 年版,第 47 页。

成功与失败的念头都撇开一边，一味埋头埋脑的去做"[1]。梁启超说，失败与成功，都是相对的。凡事，从这一方面看是成功，从另一方面看是失败；从现在看是成功，待到将来看也可能是失败。况且个体所成，相对于宇宙运化，都只是一级级的阶梯，不是最终的成功与圆满。宇宙圆满了，那进化也就停止了。所以，就个体生命的有限时空而言，"平常所说的成功与失败不过是指人类活动休息的一小段落"，因此，也"可以说宇宙间的事绝对没有成功，只有失败"[2]。这样，个体就可以不为成功和功利的有限目标所束缚，也就"使人将做事的自由大大的解放"[3]了。"知不可而为"的人，因为只知道有失败，所以做事就只管坦坦荡荡做去，潇潇洒洒做去，充满趣味地做去，没有什么可以畏惧可以忧虑的。一个人活在世上，不能不做事。一个人明白无绝对的成功，是充满趣味地做事的前提。

梁启超又说，"为而不有"主义，来自老子。老子讲"生而不有，为而不恃，长而不宰"[4]。"为而不有"主义，"是不以所有观念作标准，不因为所有观念始劳动。简单一

---

[1] 梁启超：《"知不可而为"主义与"为而不有"主义》，载金雅、刘广新编选《梁启超美学文选》，中国社会科学出版社2023年版，第2页。
[2] 梁启超：《"知不可而为"主义与"为而不有"主义》，载金雅、刘广新编选《梁启超美学文选》，中国社会科学出版社2023年版，第2页。
[3] 梁启超：《"知不可而为"主义与"为而不有"主义》，载金雅、刘广新编选《梁启超美学文选》，中国社会科学出版社2023年版，第5页。
[4] 〔魏〕王弼注，楼宇烈校释：《老子道德经注校释》，中华书局2008年版，第24页。

句话，便是为劳动而劳动"[1]。梁启超认为，劳动和生活之本身就是目的，手段和目的是一体的，手段本身就是目的。所以，具体的劳动和生活过程本身，即可充溢趣味。他说，"我们为什么学数学，因为数学有趣所以学数学；为什么学历史，因为历史有趣所以学历史；为什么学画画、学打球，因为画画有趣、打球有趣，所以学画画、学打球"[2]。而不是为了数学、画画、打球以外的目的，如为了分数、为了考级、为了名次等，去学习这些。一个世纪过去了，梁启超说的这些本末错位现象和问题，仍然真真切切地存在于我们的生活和我们的观念中。

通过讨论"知不可而为"与"为而不有"这两种"主义"的统一，梁启超提出了生命的为与有、成功与失败、责任与兴味的关系问题。他说，"为"是人的本质存在，生命的基本意义就是"动"，就是"做事"，就是"创造"，也就是"为"。梁启超说，要想不做事，除非不做人。但在生命的具体进程中，并不是每个人都能充分践履生命之"为"，也不是每个人都能充分享受生命之"为"。原因就在于大众有着对成功和获得的执念，由于这种执念又导致畏首畏尾、不敢行动、患得患失的心态，也就不可能尽情享受生命之"为"的美趣。

---

[1] 梁启超：《"知不可而为"主义与"为而不有"主义》，载金雅、刘广新编选《梁启超美学文选》，中国社会科学出版社2023年版，第6页。
[2] 梁启超：《趣味教育与教育趣味》，载金雅、刘广新编选《梁启超美学文选》，中国社会科学出版社2023年版，第22页。

"知不可而为"主义和"为而不有"主义结合的"无所为而为",也即"不有之为"的精神,突出了梁启超所关注的"为"与"有"的张力关系,而不是"为"与"不为"的二元关系。它的要义,是破成败之执,破得失之忧,挚情做事,敞怀做人,以"不有"超拔"小有",达致"大美",成就酣畅淋漓的创化和赏悦之趣乐。

二、"趣味"的内质——情感、生命、创造

梁启超的"趣味"是一种广义的生命意趣,一种本真的具体的,也是最高的生命状态,是对美的体认和实现。"这种状态强调了生命的激情与创造、生命的感性与理性、生命的自由与责任的统一。"[1] 在这之中,需要情感的底层参与。通过积极的情感参与,从而向上提挈,实现生命的向上活力,进而完成创造的自由,达成生命自我与外在世界的迸合、创化。"梁启超的思维逻辑是:只有情感的激发,才能激活生命的活力;只有富有活力的生命,才能实现自由的创造。因此,在梁启超这里,趣味(生活)的内质表现为这样三个层次:底层——情感的激发;中层——生命的活力;顶层——创造的自由。也就是说,趣味是一种由情感、生命、创造所熔铸的独特而富有魅力的主客会通的特定生命状态。"[2]

---

[1] 金雅主编:《梁启超美学思想研究》,商务印书馆 2012 年版,第 102 页。
[2] 金雅主编:《梁启超美学思想研究》,商务印书馆 2012 年版,第 89 页。

(一) 情感的激发

"情感"在梁启超这里是十分重要的范畴,是"趣味"生成的主体心理基础。

梁启超的一生,既是投身政治、推动社会变革的一生,也是激扬情感并践行趣味主义的一生。戊戌变法,创办报刊,逃亡日本,演讲讲学,游历欧美,若把眼光放到梁启超生活的时代和现实背景下,的确如他自己所说,够不上世人眼中的成功。但他说,世上没有大成功,只有走向大成功的一级级阶梯,你可以认为这个过程充满失败,但趣味主义者仍然兴味淋漓地往前走,因为这是每一个人类个体的职责。梁启超清晰地认识到,自己处在一个前所未有的大变革时代,职责就是共同去把中华民族这艘旧航船推向新彼岸,但自己不是最终上岸的那个人。若按世俗的功利理性去考量,你可能不会向前走。只有对民族和人类命运的挚情,会产生磁铁一般的能量,吸引人义无反顾往前去。因此,梁启超的"情感"激发,并非盲动,而是由挚性真情所发动,真情发动真趣,真趣内蕴责任。

梁启超认为,"情感"是人类行为的原动力,对人的生命活动具有强大的动能效应,因此特别需要将"情感"往好的、善的方面去提挈。他把主体内在条件视为审美活动中的根本性条件,十分重视主体心理在审美实践中的根本的、能动的、决定性的意义。在梁启超看来,"情感"是进行审美活动的必要前提,这也成为"趣味"得以实现的主体心理基础。

在《情圣杜甫》中,梁启超明确提出"艺术是情感的表现"[1]的重要命题。他说,情感是"人类一切动作的原动力"。而"艺术的权威,是把那霎时间便过去的情感,捉住他令他随时可以再现,是把艺术家自己'个性'的情感,打进别人们的'情阈'里头,在若干期间内占领了'他心'的位置"。他强调,文学家就是"情感的化身";"音乐、美术、文学"等艺术形式的价值,就在于"把'情感秘密'的钥匙都掌住了"。[2]

梁启超非常推崇屈原,认为屈原就是一位将情感之真实热烈和想象之活跃,两者密切联系起来的真诗人。他指出,屈原具有"极热烈的情感",又能把自己的情感"提往'超现实'的方向"[3],他的作品将绚烂的想象与热烈的感情相结合,从而凸显了一位极富魅力与个性的抒情主人公形象。他认为,屈原的作品描写的都是幻构的境界,表现的都是主体的真我,象征的都是现实的社会。实感激发了想象,想象发露了实感,实感与想象的完美结合,营造了屈原作品独特而极富感染力的艺术美。后人没有屈原那种发自肺腑的真实自然的"剧烈的矛盾性",而"从形式上模

---

[1] 梁启超:《情圣杜甫》,载金雅、刘广新编选《梁启超美学文选》,中国社会科学出版社2023年版,第334页。
[2] 梁启超:《中国韵文里头所表现的情感》,载金雅、刘广新编选《梁启超美学文选》,中国社会科学出版社2023年版,第59页。
[3] 梁启超:《中国韵文里头所表现的情感》,载金雅、刘广新编选《梁启超美学文选》,中国社会科学出版社2023年版,第68页。

仿蹈袭，往往讨厌"。[1] 这类作品不能将生命、真情、想象相结合，不能创造出"醇化的美感"，而只能"走入奇谲一路"。[2] 梁启超认为，《楚辞》和屈原，分别是中国浪漫主义文学的开山之作与杰出代表人物，屈原是中国韵文史上最具想象力的诗人。

与浪漫派的抒情相对举，梁启超还探讨了艺术中写实派的表情特点。他认为这派的做法，是"作者把自己情感收起，纯用客观态度描写别人情感"[3]。写实家以"冷眼"忠实观察"社会的偏枯缺憾"，注重写"人事的实况"与"环境的实况"，但他的"冷眼"底下藏着"热肠"。梁启超最为推崇的写实派文学家是杜甫。中国文学史上，杜甫历来被称为"诗圣"，梁启超却独具只眼，将杜甫誉为"情圣"，认为杜甫把"下层社会的痛苦看得真切"，并"当作自己的痛苦"，别人传不出的"情绪"，杜甫都传出。在《情圣杜甫》中，梁启超总结了杜甫诗歌的六个表情方法特点：一是不直接抒情，借写事来抒情，形成一种以真事显真情的妙境；二是将许多种性质不同的情绪相糅合，而得一种调和之美感；三是抒写情感，往往愈拗愈紧，愈转愈深，断续吐出，从无条理中见条理；四是淋漓尽致一口气说出，

---

[1] 梁启超：《中国韵文里头所表现的情感》，载金雅、刘广新编选《梁启超美学文选》，中国社会科学出版社 2023 年版，第 112 页。

[2] 梁启超：《中国韵文里头所表现的情感》，载金雅、刘广新编选《梁启超美学文选》，中国社会科学出版社 2023 年版，第 114 页。

[3] 梁启超：《中国韵文里头所表现的情感》，载金雅、刘广新编选《梁启超美学文选》，中国社会科学出版社 2023 年版，第 116 页。

虽不以曲折见长,却能极其美;五是用极少的字表达极复杂极深刻的情绪,有一种特别的洗练功夫;六是用景物做象征,从里头印出情绪。梁启超说,杜甫乃"中国文学界写情圣手,没有人比得上他"[1]。

梁启超非常深刻地认识到情感逻辑和理性逻辑是不同的。"情感是不受进化法则支配的。不能说现代人的情感一定比古人优美,所以不能说现代人的艺术一定比古人进步。"[2] 他强调,情感的"本质不能说他都是善的、都是美的。他也有很恶的方面,他也有很丑的方面。他是盲目的,到处乱碰乱迸,好起来好得可爱,坏起来坏得可怕"[3]。因此,他提出"情感教育"的主张,要求对主体情感予以陶养。他认为,艺术是情感陶养的利器,对艺术的情感表现需要鉴别提炼,原生态的生活情感不一定都适宜于艺术表达,而应该既体验把握表现"真"情感,又要着力提升表现"好"情感与"美"情感。

(二)生命的活力

对于"趣味"的概念,梁启超没有予以直接界定,但他明确把"趣味"视为人类生活的根基和核心。"问人类生

---

[1] 梁启超:《情圣杜甫》,载金雅、刘广新编选《梁启超美学文选》,中国社会科学出版社2023年版,第335页。
[2] 梁启超:《情圣杜甫》,载金雅、刘广新编选《梁启超美学文选》,中国社会科学出版社2023年版,第334页。
[3] 梁启超:《中国韵文里头所表现的情感》,载金雅、刘广新编选《梁启超美学文选》,中国社会科学出版社2023年版,第59页。

活于什么？我便一点不迟疑答道：'生活于趣味。'"[1] 在《美术与生活》中，梁启超通过对"无趣"生活的界定，来阐发自己关于"趣味"特质的理解。梁启超说："石缝的生活"和"沙漠的生活"都是无趣的生活，前者"挤得紧紧的没有丝毫开拓余地"；又好像"披枷带锁，永远走不出监牢一步"；后者"干透了没有一毫润泽，板死了没有一毫变化；又好像蜡人一般，没有一点血色，又好像一株枯树"。[2] 可见，梁启超的"趣味"，在实践层面，首先是一种充满生命活力的生机盎然的生活和生命状貌。

情感的激发带来生命的活力，这是通向"趣味"生活的要径。梁启超倡导积极生动的生命状态和生机勃发的生活情状。生命个体"动入则活则美"。但梁启超没有停留于此，而是认为富有活力的个体生命的"最高理想是主体（个体）生命创化和宇宙（众生）运化融为一体，从而实现生命的自由升华并体味其美，更趋创造和阳刚之美"。因此，梁启超欣赏的生命活力，也内蕴着崇高壮美的精神和英雄主义的情怀。[3]

1922 年，梁启超在东南大学文哲学会作《屈原研究》的演讲。他说，"中国文学家的老祖宗，必推屈原。从前并不

---

[1] 梁启超：《美术与生活》，载金雅、刘广新编选《梁启超美学文选》，中国社会科学出版社 2023 年版，第 25 页。
[2] 梁启超：《美术与生活》，载金雅、刘广新编选《梁启超美学文选》，中国社会科学出版社 2023 年版，第 25 页。
[3] 参见金雅《"趣味"与"情趣"：梁启超朱光潜人生美学精神比较》，《社会科学战线》2013 年第 7 期。

是没有文学,但没有文学的专家"[1]。读者从作品中,看不到作者鲜活的个性,"顶多不过可以看出时代背景或时代思潮的一部分"[2]。但屈原不一样,他有非常鲜明的个性。因此,"欲求表现个性的作品,头一位就要研究屈原"[3]。梁启超把屈原的个性总结为"All or nothing"。"All or nothing"是易卜生的名言,它的含义就是要么整个,不然宁可什么也没有。梁启超说:"中国人爱讲调和,屈原不然,他只有极端。'我决定要打胜他们,打不胜我就死',这是屈原人格的立脚点。"[4]屈原的一生都在"极诚专虑的爱恋"着"那时候的社会",但"众芳之污秽"的社会却"不理会他"。按照屈原的个性,"异道相安"是绝对不可能的。因此,屈原的一生就是"和恶社会奋斗"。"他对于他的恋人,又爱又憎,又憎又爱",却始终不肯放手。他悬着"极高寒的理想,投入极热烈的感情",最终只能"拿自己生命去殉那'单相思'的爱情"。梁启超认为,屈原"最后觉悟到他可以死而且不能不死",因为"他和恶社会这场血战",已经到了"矢尽援绝的地步",而他又不肯"稍微迁就社会一

---

[1] 梁启超:《屈原研究》,载金雅、刘广新编选《梁启超美学文选》,中国社会科学出版社 2023 年版,第 314 页。
[2] 梁启超:《屈原研究》,载金雅、刘广新编选《梁启超美学文选》,中国社会科学出版社 2023 年版,第 314 页。
[3] 梁启超:《屈原研究》,载金雅、刘广新编选《梁启超美学文选》,中国社会科学出版社 2023 年版,第 314 页。
[4] 梁启超:《屈原研究》,载金雅、刘广新编选《梁启超美学文选》,中国社会科学出版社 2023 年版,第 326 页。

下",他断然拒斥"迁就主义"。因此,屈原最后只有"这汨罗一跳,把他的作品添出几倍权威,成就万劫不磨的生命"。[1]

值得注意的是,梁启超的崇高理念,既是对西方近代美学精神的一种吸纳,更有着独特的现实情怀与民族风采。在梁启超这里,崇高既是一种美学理想,也是一种人生理想。他以满怀深情之笔,描绘了少年中国之生气勃勃的灿烂壮美意象。他期待"横大刀阔斧,以辟榛莽而开新天地"的英雄问世,期待"知责任""行责任"的大丈夫问世,期待有"活泼之气象""强毅之魄力""勇敢之精神"的豪杰问世。在他的视域中,人生与艺术是美之两翼,相辅相成,相激荡相融通。他呼唤艺术之崇高新风,也呼唤人之崇高、国之崇高、时代之崇高;他呼唤物之崇高,也呼唤事之崇高、行为之崇高、精神之崇高。在他笔下,崇高意象丰富绚烂,炫人眼目。他描绘了大鹏"抟九万里,击扶摇而上"的豪情;描绘了凤凰"餐霞吸露,栖息云霄之表"的洒落。他惊叹"江汉赴海,百千折以朝宗"的毅力;感慨狮象狻猊"纵横万壑,虎豹慑伏"的气概。大风、大旗、大鼓、大潮、飓风、暴雷、蛟龙,一一汇聚到梁启超的笔下。梁启超把自然、人、社会的崇高意象与美的崇高境界融为一体,使19、20世纪之交的中国人从他的激扬文字中,赏悦了既以自然的崇高为具体意象,又以人与社会的崇高为终

---

[1] 梁启超:《屈原研究》,载金雅、刘广新编选《梁启超美学文选》,中国社会科学出版社2023年版,第331页。

极向往的中国式崇高美的激情洗礼。同时，现实的民族危机与文化危机，使梁启超对崇高的呼唤，还内在地饱含着悲壮之美。在梁启超的审美视域中，新与旧、兴与立、活与死、强与弱、动与静不仅是对立的范畴，也是相辅相成的范畴。没有悲壮的毁灭，就没有壮美的新生。梁启超特别欣赏的正是那种悲剧型的崇高美，是那种带血带泪的刺痛，是那种含笑赴死的从容。这样的英雄，不管结果是成功还是失败，其行为本身都表现出一种震撼人心的美感。悲剧与崇高在梁启超的审美视域中融为一体，成为通向美之路的生动阶梯。

作为中国现代审美启蒙的先驱，梁启超还较早倡导了关于女性美的新理念。梁启超主张女性美的前提是健康。他针对"近代文学家写女性，大半以'多愁多病'为美人模范"的怪象，追根溯源，指出《诗经》、汉赋都以"容态之艳丽"和"体格之俊健"的"合构"为女性美的基本标准，而至南朝、唐宋的文人则以"带着病的恹弱状态为美"。他尖锐批评这种审美标准是"文学界的病态"，还不无幽默地宣称："我盼望往后文学家描写女性，最要紧先把美人的健康恢复才好。"[1]

美即趣，美趣首先是生趣。那些动的、强的、壮健的、激越的，比那些静的、弱的、枯的、板的，更为梁启超所赏会。

---

[1] 梁启超：《中国韵文里头所表现的情感》，载金雅、刘广新编选《梁启超美学文选》，中国社会科学出版社2023年版，第109页。

(三) 创造的自由

"在趣味之境中,个体可以实现并体验自我与众生、宇宙'迸合'之大有大用,从而体味并享有生命的'春意'即至美。"[1]情感的激发及导向,推动引领个体生命不断向上向外一层层地迸合。在这种由迸合迈向大化的生命境界中,人生实践的外在规范制导沉淀为主体生命的内在情感需求,成为主体生命的内在本质追求。此时,每一次个体实践本身作为生命的自由创化,超越了与对象的直接功利对置,超越了狭隘的感性个体存在,而达成感性实践与理性追求的统一,不仅是个体、众生、宇宙的迸合,也成为饱含"春意"的人生胜境。

梁启超认为,"趣味"就是生命本身的实然本质和应然状态,而创造的自由就是它必然内含的部分。"趣味"不是为了去追求生命以外的事物,趣味主义的创造自由只是为了回到那个生命本身,使人重拾身体的这一本然功能,从而恢复人本身的爱美天赋。梁启超强调趣味主义的创造自由,是责任和兴味的统一,它以不执成败、不忧得失为前置,全情投入生命实践的过程本身,尽情赏会生命本身的肆意绽放,心无所障,性无所蔽,拥抱生活,畅怀做事,是一种以美情为基质的知、情、意、行的合一,尽善尽美而美情懿行。梁启超一生,从政治到文化,从学术到教育,

---

[1] 金雅:《梁启超:以趣味超拔人生》,《中国社会科学报》2011年3月29日。

涉足领域多元，留下 1400 多万字极具开拓意义的宏富著述，为中国文化和学术的现代演进掘发导引，体现了令人叹为观止的强劲创造力和丰沛才华。

梁启超的一生，就是践履趣味精神的活生生的典范。他每天除了睡觉外，每分钟每秒钟都在积极地活动。他不仅不觉得疲倦，还总是津津有味，兴会淋漓。在顺利成功时有乐趣，在曲折层累时也有乐趣；问学育人时有乐趣，写字种花时也有乐趣。他幽默宣称，自己的趣味哲学，就是"得做且做"、活泼愉快，而不是"得过且过"、烦闷苦痛。梁启超的夫人曾卧病半年，他日日陪伴于床榻，面对"病人的呻吟"和"儿女的涕泪"，他择空集古诗词佳句，竟成二三百副对联。他又让友人亲朋依自己所好拣择，他再书之以赠。

梁启超的儿女个个成才，一门出了三个院士。他可以说是天底下最懂得、也最擅长子女教育的父亲了，贯彻的就是趣味教育的准则。他称呼孩子们"达达""忠忠""老白鼻""小宝贝庄庄""宝贝思顺"，算得上 20 世纪初年的中国"萌父"。他的家书亲情浓挚，生动活泼，睿智机趣，境界高洁。如他 1927 年 2 月 16 日写给孩子们的信，就回答了长子思成提出的"有用无用"的问题，既指出只要人人发挥其长贡献于社会即为有用，又指出用有"大用"和"小用"之别，最后强调要"莫问收获，但问耕耘"，实质上就是阐发了他所倡扬的趣味主张。对于孩子们的学业，梁启超既主张学有专精，又不赞成太过单调，鼓励子女在所学专业之外学点文学和人文学。生物学是当时新兴的学科，梁启超希望次女思庄修学此科，但思庄自己喜欢图书馆学，梁启超得知后立马选择尊重思庄自己的趣好。1926年3月，梁启超因尿血入协和医院诊治，主刀医生竟将左右侧弄错，把右侧好肾切除了。梁启超术后不见好转，友人、学生、家人纷纷要问责协和医院，他自己却豁达处之，不仅写信劝解大家，还撰文《我的病与协和医院》发表在《晨报副刊》上，替协和医院辩解，主张支持西医的引进。这样的气度，没有一点趣味主义的精神，恐怕难以达到。

三、"趣味"的目标——"美术人"

在中西思想史上，梁启超第一个提出"美术人"的概念，这是他的"趣味"经"移人"而通向的矢的。梁启超说："今日的中国，一方面要多出些供给美术的美术家，一方面要普及养成享用美术的美术人。"[1] 在这里，"美术人"不是那些拥有美术技能的行家，不是以美术谋生的人，而是拥有美的生命态度，能够欣赏美，享用美，把美融入自己的生活，成为自己的人生信仰的人，是艺术、审美、人生相贯通的人，即拥有审美胸襟和审美人格的人。所以梁启超的"美术人"，"在趣味美和理想人之间架设了一座艺术的桥梁，把趣味化、艺术化的生活视为最高的情感教育

---

[1] 梁启超：《美术与生活》，载金雅、刘广新编选《梁启超美学文选》，中国社会科学出版社2023年版，第28页。

和生命教育，认为趣味人格的建构可以在生活实践特别是艺术审美中去涵养"[1]。"美术人"也就是"趣味"的人。

(一)"美术人"的理想人格

趣味是一种以情感激发为基质的创造自由的生命胜境，具有可导引性、可滋涵性，因此，趣味必然有着育人的功能。梁启超在现代中国第一个明确提出了"趣味教育"的概念，也就是以趣味精神来涵养人，其要义在不管做什么事，都只在事情本身，"为劳动而劳动"，"为生活而生活"，做事时目的和手段是统一的，过程即结果。由此，人生中也没有所谓的起跑线，也就没有所谓的终点线。在人生这趟生机勃发、兴味盎然的路程中，生命的一切活动，都是为了让人成为"美"的人——生动的、鲜活的、丰满的、真实的创化也是享悦过程本身的人。这样的人，他是超拔功利、超脱成败、超越得失的人，也就是艺术化的、诗性的、超拔的人。

梁启超提出，劳作、游戏、艺术、学问等活动，都是"趣味教育"的具体途径和方式。他主张从幼年、青年期，就应开始实施"趣味教育"。他强调，艺术活动是趣味教育最为重要且有效的途径和方式之一，可以通过文学艺术活动来培养人的高尚趣味。他说，艺术品作为人类精神文化的一种结晶，体现的就是人类爱美的精神活力，是人

---

[1] 金雅:《梁启超：以趣味超拔人生》，《中国社会科学报》2011 年 3 月 29 日。

类寻求精神价值、追求生命超拔的重要样式。他批评中国人把美与艺术视为奢侈品，认为这正是国人生活"不能向上"的重要原因。梁启超说："专从事诱发以刺戟各人器官不使钝的有三种利器：一是文学，二是音乐，三是美术。"[1] 他认为"文学的本质和作用，最主要的就是'趣味'"，"文学是人生最高尚的嗜好"，[2] 因此，他倡导"诗界革命""文界革命""小说界革命"，以此来推动国人革新陈陈相因的旧趣好，比如中国艺术的情感表现历来偏于柔美含蓄之风，喜欢温柔敦厚的美感，缺少慷慨激扬的抒发，音乐中也缺少军歌、校歌等提振情绪、引人奋进的律调。他将小说的"移人"之力分为"熏""浸""刺""提"四种，特别提出"刺""提"对于欣赏者的濡染功能。

与"趣味教育"相联系，梁启超也明确倡导"情感教育"。梁启超指出，知、情、意是人性的三大根本要素。情感发自本心，是人的生命中最深沉、最本质的东西。情感教育对人具有独立而独特的价值，某种程度上甚至比知识与道德更深刻，与人的生命更具本质的联系。但情感虽神圣，却美善并存、好恶互见，故须对情感进行陶养。同时，情感作为趣味的内核，情感的陶养是趣味涵成的必要基础。他强调，"情感教育"的目的，就是将情感善的、美的方面

---

[1] 梁启超：《美术与生活》，载金雅、刘广新编选《梁启超美学文选》，中国社会科学出版社2023年版，第26页。
[2] 梁启超：《晚清两大家诗钞题辞》，载金雅、刘广新编选《梁启超美学文选》，中国社会科学出版社2023年版，第398页。

尽量发挥，将恶的、丑的方面渐渐压服、淘汰。梁启超把艺术审美的具体过程视为艺术情感功能发挥的独特过程，即以艺术之生动强劲的情感感染"力"来陶养主体情感而"移人"的过程，而这也正是梁启超主张的"情感教育"的机制途径。梁启超非常关注艺术家的责任与修养，关注艺术活动易深入人心的作用机理。他的"情感教育"的价值立场，是倡导涵养人健康积极的情感品格，激发人对于生活的激情与热爱，而非要人陷于一己私情，也不是让人用情感来排斥理性，更不是让人沉溺艺术耽于幻想，而是通过陶养蕴真涵善的美情，来激活推动人的生命去求真向善、乐生爱美。

梁启超说："'趣味教育'这个名词，并不是我所创造，近代欧美教育界早已通行了。但他们还是拿趣味当手段，我想进一步，拿趣味当目的。"[1] 他把趣味主义人生态度的建构作为"趣味教育"的终极目标。趣味教育的目的，就是倡导一种趣味主义的人生观，建构一种趣味主义的人格。梁启超自己身体力行，践行"趣味教育"的信念。他的九个子女，个个成才，一门出了三个院士。梁启超家书，和曾国藩、傅雷的家书，并称"中国三大家书"。每个孩子，他都有昵称，最小的梁思礼，他称为"老白鼻"，"白鼻"即英语"baby"的英译。次女梁思庄，他昵称"庄庄"。思

---

[1] 梁启超：《趣味教育与教育趣味》，载金雅、刘广新编选《梁启超美学文选》，中国社会科学出版社2023年版，第21页。

庄随姐姐哥哥留学，梁启超曾写信建议她选学生物学，因为生物学当时还是一个新兴学科，梁启超觉得国家需要这方面的人才。但思庄不感兴趣。梁启超从思庄的姐姐哥哥那儿得知这一情况后，立即给思庄去信让她"以自己体察为主"，"不必泥定爹爹的话"。思庄后改学图书馆学，归国后在北京大学图书馆工作，成为我国著名的图书馆学专家。"老白鼻"思礼于1949年从美国回国，成为我国著名的导弹控制专家、中国科学院院士。长子梁思成成为著名的建筑学家、中国科学院院士。次子梁思永成为著名的考古学家。梁启超在家书中，殷殷叮嘱孩子们"莫问收获，但问耕耘"，体现了以不执成败、不忧得失为内核的"趣味"精神。

由"趣味教育"到"美术人"，梁启超的这一思路，与他终其一生的启蒙理想密不可分。他明确提出，教育就是把人培养成为知、情、意"三件具备"的"完整的人"，就是让人"学做现代人"。他特别强调，只有在做成一个"人"的前提下，知识才具有它的意义与价值。因此，梁启超的"趣味教育"，实质上也就是美的教育，就是人生教育，是从美的情感陶养和趣味陶铸，通向艺术化、审美化的人生，也正是从艺术与审美通向趣味的人生。

在这个意义上，梁启超的"趣味"—"趣味（情感）教育"—"美术人"的思致，也可以说是一种人生智慧。其核心，正在于对个体生命的爱意和守护。每一个活生生的真实的生命，都可以，也应该把"不有之为"的"趣味"

精神贯彻入里，以"趣味"滋涵自己，以"趣味（情感）教育"提振自己，从而生成自由创化和自在享悦自己人生的"美术人"。

（二）"进合——化我"的践行路径

梁启超的"趣味"以塑造"美术人"也即淬炼审美人格为最终指向，其显现路径之一是"化我"。"梁启超说，肉体的我不是真我，真我是无数的小我层层扩大，'进合'为一体，最终以'化我'而成'大我'。'化我'是梁启超对'趣味'人格的美思构象。在梁启超看来，'趣味'人格具有生命本真永动的'energy'，不以个体自我的成败为执和得失为忧，而是淋漓尽致地纯粹而为（实践），这就是一种趣味化、艺术化的超功利的审美人格。"[1]

梁启超说，"我"可分四等。最低一等，就是纯粹肉欲的"我"。这种"我"只是"物"而已，它完全受生命的物性时空限制，往往停留于"极端利己主义"之层面，为了满足一己之"我"的物欲，可以不择手段。第二等的"我"，开始扩大，把"我"扩大到爱"家"，有"家"才有完全意义上的"我"。第三等的"我"，则进一步扩大到爱"国"，将"国"变成"我"的。有"国"，"我"才完整。第四等的"我"，也即最高一等的"我"，那就是把一己之生命扩大到"天下众生"，让万物众生合为一个"我"，

---

[1] 金雅：《大我·无我·化我：中华美学的大美构象和现代进路》，《社会科学战线》2024年第3期。

也就是我的终极"进合"和整体化生。我一步步往上攀升，层层"进合"，正是对个体物质生命的超拔和解蔽。所以，梁启超"趣味"之"我"，是他认定的"真我"，这个"真我"，通过层层的"进合"—"扩充"—"再进合"—"再扩充"来达成。梁启超自己，从"乡人"到"国人"到"世界人"，可谓极一生来向这个目标前行。他少年早慧，能诗善文，考中秀才、举人，名闻乡里。后师从康有为，参与"公车上书"，发动"维新变法"，康梁并称，国人兼知。变法失败，流亡日本，远游欧美，"饮冰"忧世，心怀天下。他的《少年中国说》至今仍被传唱，他的《饮冰室合集》影响深远，他的"新民""美术人""趣味主义""趣味教育"等思想，针砭时弊而立意高远。

梁启超的所有思想和观点，都源自他自己真切的生命实践和人生践履，源自他自己真切的思虑和情怀。他的"趣味"思想和"趣味"精神，也是在一次次的挫折磨砺中淬炼而来。超拔小我，涵化大我，才能成就生命的真"趣味"，才能涵成人生的"趣味"美。"美术家"可以制作美术品，而只有"美术人"才能创构和赏悦"趣味"之美象。

"化我"之内核，是"一种在入世中超拔的生命意趣"。每个个体生命，穷其一生，乃在"化'小我'而超拔为'大我'，这也是成就'真我'，化衍'春意'"。[1]

---

[1] 金雅:《大我·无我·化我：中华美学的大美构象和现代进路》，《社会科学战线》2024年第3期。

王国维的"境界"

"境界"是王国维(1877—1927)最具影响力的理论作品《人间词话》的关键词之一,出现频率极高。"境界"不仅是王国维评鉴作家作品优劣的关键标准,也是他向往的远功利而至善的精神气象,是彰显主体人格、精神气韵的重要标识,它勾连了审美、艺术、人生的三重维度,将艺术审美品鉴和人生审美品鉴相融互通。

王国维以"真"为"境界"之核,以"大"为"境界"之魂,开拓了"有我"之境和"无我"之境的双重美趣,赋予"境界"以深刻独特的意味与趣涵。

王国维的"境界"美,和梁启超的"趣味"美,是共同开掘中华美学话语及其精神韵趣迈向现代的重要两脉。

一、境界的核心特质:远功利而求真

"境界"是王国维美学思想中的重要概念。"境界"一词,原指地域、边界等物理疆界,后佛典用其来指称外在客观世界及与之对应的内境作用于意识现出的"相分"。唐以降,"境界"一词开始进入诗论,成为表示精神形态和观念的概念。王国维在其美学文字中,高频使用"境界"一词,将其与文学、艺术的世界和人生况味、人格韵范等对接起来,使这一概念"由唐以后中国古典诗论的艺术品鉴论进入到一种融艺术品鉴与人生品鉴相交融的更为宏阔深沉的审美境域中"[1]。王国维强调了"境界"的"无利害性",认为"境界"是主体对世俗功利的超越,它建立在主体对自身生命本"真"的把握上,这是创现和攀升艺术之境与生命之境的基石。

(一)"不关利害之境界"

在王国维看来,境界的塑现和观审,必须远离世俗功利。他虽将境界划分为不同层次,如"物质之境界""审美之境界""道德之境界"等,但他推崇和提倡的,无疑是"审美之境界"。用王国维自己的话说,就是那个"不关利害之境界"。他的艺术品鉴、人生反思、美育主张,都立足于斯。王国维说,"美之为物,不关于吾人之利害者也"[2]。王国维受到西哲康德、叔本华的影响,以叔本华的欲望理论来解释审美境界的本质,指出人生的痛苦在于人有"生活之欲",而只有在审美活动中,才能够摆脱"嗜欲之网",达成"无欲之我",从而对待外物不以利害关系来考量,将

---

[1] 金雅:《"大词人"与"真感情"——谈〈人间词话〉的人生美学情致》,《浙江社会科学》2009年第3期。
[2] 王国维:《孔子之美育主义》,载金雅主编,聂振斌选编《中国现代美学名家文丛·王国维卷》,中国文联出版社2017年版,第132页。

外物视为"纯粹之外物"。王国维特别强调,"此境界唯观美时有之"。[1]

美的本质乃"可爱玩而不可利用者"[2],故王国维以为,审美和艺术的境界必关乎对世俗欲望、物我功利关系的抛除。在《论哲学家与美术家之天职》中,他说,中国古代哲学、美术不发达的原因之一,就是因为政治家、诗人往往被世俗观念下的功利关系影响,而导致"纯粹美术"的缺乏。他指出,哲学与艺术的根本目的,在于表现真理,而真理是"天下万世之真理",并非一时的真理,真正的哲学家、艺术家所把握及表现的真理,可以满足慰藉不同时代、不同地域的人类知识和情感,而政治家和实业家只"与一时一国之利益合",所以发展到五代十代便销声匿迹了。他说,中国古代的哲学家同时也是政治家,孔子、墨子、孟子、荀子,都是在政治上有大志向者,"汉之贾、董,宋之张、程、朱、陆,明之罗、王无不然"。[3] 中国古代的"大诗人"同样如此,杜甫"自谓颇腾达,立登要路津。致君尧舜上,再使风俗淳"的雄心抱负,韩愈"胡不上书自荐达,坐令四海如虞唐"的奋勇忠告,陆游"寂寞已甘千古笑,驰驱犹望两河平"的哀愁悲愤,无一不是胸

---

[1] 王国维:《孔子之美育主义》,载金雅主编,聂振斌选编《中国现代美学名家文丛·王国维卷》,中国文联出版社 2017 年版,第 132—133 页。
[2] 王国维:《古雅之在美学上之位置》,载金雅主编,聂振斌选编《中国现代美学名家文丛·王国维卷》,中国文联出版社 2017 年版,第 127 页。
[3] 王国维:《论哲学家与美术家之天职》,载金雅主编,聂振斌选编《中国现代美学名家文丛·王国维卷》,中国文联出版社 2017 年版,第 3—4 页。

怀无限爱国之志、救国之抱负。在王国维看来，这些"大诗人"也都将"诗外尚有事在"奉为金科玉律，而忽视了诗歌、艺术本身的独立价值。他感叹中国历代诗人，多表忠君爱国、劝善惩恶之意，而"纯粹美术上之著述"无人为之昭雪，从而致使我国哲学、艺术不发达。[1] 王国维又进一步提出，我国哲人和诗人之所以多政治上之抱负，本质上是受一时"势力之欲"的诱惑。势力之欲是人生来即有的，人的势力发泄也有不同途径，如哲学、艺术、政治、实业。纯粹表现哲学、艺术的势力，与中国古代思想格格不入。王国维认为，"政治上之势力，有形的也，及身的也；而哲学、美术上之势力，无形的也，身后的也"[2]。人们往往更愿意成为功成名就的政治家，而非死后留名的哲学家、艺术家。由此，王国维特别推崇艺术纯粹的、独立的、审美的价值，他反对艺术成为政治或道德的附庸，主张艺术应该表现永恒"宇宙人生之真理"。只有如此，艺术家也才能坚守其"独立之位置"，艺术才能呈现高远阔朗的审美境界。[3]

---

[1] 王国维：《论哲学家与美术家之天职》，载金雅主编，聂振斌选编《中国现代美学名家文丛·王国维卷》，中国文联出版社 2017 年版，第 4 页。
[2] 王国维：《论哲学家与美术家之天职》，载金雅主编，聂振斌选编《中国现代美学名家文丛·王国维卷》，中国文联出版社 2017 年版，第 4 页。
[3] 王国维：《论哲学家与美术家之天职》，载金雅主编，聂振斌选编《中国现代美学名家文丛·王国维卷》，中国文联出版社 2017 年版，第 5 页。

(二)"真景物"和"真感情"

王国维认为,境界创现的核心在于"真",艺术"能写真景物,真感情者,谓之有境界"[1]。这里王国维对境界之美,提出了两方面要求:一是境界须要有景物、有情感,在具体作品中可有向情或向景的侧重,但根本上二者是相融的;二是景物和情感须具"真"的特质,只有以"真"为基础创塑的情景相融之作,方能呈现别具一格的美境。

所谓"真景物",在王国维这里,强调的是客观景物的"合乎自然""从自然之法"。王国维反对对自然景物的矫饰,强调对客观自然刻画的真实生动。他认为,词有"写境"与"造境"两法,可依次区分为"理想派"与"写实派";然在具体的作品中二者又很难截然区分,对于"大诗人"而言,"所造之境,必合乎自然,所写之境,亦必邻于理想"。[2] 因此,"合乎自然",是创造艺术境界不可或缺的因素,即便是偏向于"写境"的"理想家",其所写之境也不能违背真实自然。王国维进一步指出,自然中的各种事物,往往是相互关联、相互限制的,而要在文学艺术中反映客观自然事物,则需要诗人除去事物间的限制,进行适当的艺术加工。所以,文学艺术中对"真景物"的刻画,既不是对自然事物的机械复制,也不是对客观事实的

---

[1] 王国维:《人间词话定稿》,载金雅主编,聂振斌选编《中国现代美学名家文丛·王国维卷》,中国文联出版社2017年版,第171页。
[2] 王国维:《人间词话定稿》,载金雅主编,聂振斌选编《中国现代美学名家文丛·王国维卷》,中国文联出版社2017年版,第170页。

夸张反映，其"材料必求之于自然"，对于自然材料的构造，则"必从于自然之法则"。王国维以诗词举例，"红杏枝头春意闹"和"云破月来花弄影"，这两句诗意象的材料都来自真实世界，都是对自然景物的真实刻画，其中"闹"与"弄"，令诗中境界全出，正因为"闹"与"弄"都没有违背客观自然的运作法则，反而使自然景物更加真实生动，呈现出更加丰富的审美意蕴。[1] 王国维还指出，要创造"真景物"，还必须要多在世界中游历阅览。他认为，只有阅世愈加深刻，对自然事物材料的掌握才愈加丰富，在艺术创作时也更能变化自如地运用客观材料。如《水浒传》的作者施耐庵、《红楼梦》的作者曹雪芹，都是阅世颇丰者，因此能真实生动地对客观现实进行反映刻画。[2]

所谓"真感情"，王国维强调的是作品中表达的情感之赤诚真粹。他特别指出，"境非独谓景物也。喜怒哀乐，亦人心中之一境界"[3]。"境"不仅有客观自然之境，而且有主观情感之境，"真感情"就是面对客观自然的真实纯粹、质朴洞明。"真感情"不仅是诗词作品中真实情感的传达，而且是诗人艺术家主体情感的反映，透过作品的"真感情"，能够领略到诗人特殊的人格襟怀和赤诚心灵。因此，在王

---

[1] 王国维:《人间词话定稿》，载金雅主编，聂振斌选编《中国现代美学名家文丛·王国维卷》，中国文联出版社2017年版，第171页。

[2] 王国维:《人间词话定稿》，载金雅主编，聂振斌选编《中国现代美学名家文丛·王国维卷》，中国文联出版社2017年版，第174页。

[3] 王国维:《人间词话定稿》，载金雅主编，聂振斌选编《中国现代美学名家文丛·王国维卷》，中国文联出版社2017年版，第171页。

国维这里，"真感情"是一个勾连艺术作品与艺术人格的情感范畴，他非常强调诗人艺术家性情襟怀与作品真情实感的紧密关系。

王国维同时提出"赤子之心""忧生""忧世"等概念，来进一步阐释"真感情"。王国维非常推崇李煜之词，他认为词发展到李煜这里，"眼界始大，感慨遂深"，词的艺术价值和审美意义逐渐鲜明，于是使得伶工之词衍化为士大夫之词。王国维进一步由作品引向人格，指出李煜之所以能创造出具有气象的词作，在于他的"赤子之心"。"赤子"即婴儿，"赤子之心"就是婴孩般纯真自然、天真无邪的澄澈之心。王国维认为，李后主生长于深宫之中、妇人之手，远离俗世，尚未过多地沾染世间烦扰和功利纷争，如同婴儿般对世界万物保持阔大的眼界，以及赤诚的情感体验，因此李后主完全以其真性情、深感慨来抒发心中的"真感情"。王国维以"自是人生长恨水长东""流水落花春去也，天上人间"等句，来说明李煜之词对"真感情"的表达。流水、落红本是寻常之物，然而在胸怀"赤子之心"的李煜眼中，感受到的是宇宙万象独特的生命体验，这种生命体验与主体情感相契合，使得寻常的自然景物成为自我情感之寄寓。作品中所表现的深沉眷恋和无限哀思，全来源于诗人心中的真实情感。[1] 王国维还指出，"真

---

[1] 王国维：《人间词话定稿》，载金雅主编，聂振斌选编《中国现代美学名家文丛·王国维卷》，中国文联出版社 2017 年版，第 173—174 页。

感情"的表现有"忧生"与"忧世"之分别。"忧生"是在周遭恶劣环境下对自我命运的无限茫然与忧虑。王国维认为,"我瞻四方,蹙蹙靡所骋","昨夜西风凋碧树。独上高楼,望尽天涯路",此二语,是诗人"忧生"的刻画。"忧世"是对世事流转的哀伤,对人间百态的嗟叹。王国维认为,"终日驰车走,不见所问津","百草千花寒食路,香车系在谁家树",这几句,是诗人"忧世"的表达。[1] 可以看出来,无论是"忧生"还是"忧世",都是基于诗人真实诚挚的情感基础上的创现。"忧"在本质上来说,是对自我命运、宇宙运化的包蕴悲悯、哀伤、担忧的情感态度,这种情感态度可以说是伪装不来,也矫饰不来的,它基于对自我、宇宙的深刻的情感体验而生发。因此,"忧生""忧世"从根本上说,就是诗人"真感情"的表达。

王国维对境界的规定,一方面要求超越世俗功利的考量,恢复艺术作品真实、纯粹、独立的审美价值;另一方面也指出艺术作品要表现"真景物""真感情","强调自然之真和情感之真相统一的境界之美"。[2] 因此,王国维"境界"的核心特质概括起来就是远功利而求真,就是在除去功利关系的基础上,在艺术中表现最真实纯粹、澄澈洞明的客观自然与内心情感。只有这样,方能创现超尘出俗的

---

[1] 王国维:《人间词话定稿》,载金雅主编,聂振斌选编《中国现代美学名家文丛·王国维卷》,中国文联出版社2017年版,第176页。
[2] 金雅等:《中国现代人生论美学引论》,中国社会科学出版社2020年版,第77页。

艺术境界，方能彰显诗人艺术家"雅量高致"的洒落襟怀和人生美境。

二、境界的双重视界：艺术与人生

"境"作为一种审美范畴，在中国古典诗论中，更多与"意"组合，构为"意境"。而在王国维的诗论中，尤其在《人间词话》中，"境界"一词出现的频率则远高于"意境"。从"意境"到"境界"的重心位移，在王国维这里，并没有模糊二者之间的界限。他对"境界"的使用，一方面是将目光落于诗词作品中所塑造的艺术境界，另一方面以他著名的"三境界说"为代表，也将目光投向了更加深沉宏阔的人生境界。从"意境"到"境界"的这种重心位移，所体现的正是"王国维从相对单纯的古典艺术品鉴论向现代艺术品鉴与人生品鉴相交融的更为宏阔深沉的审美境域的一种演化"[1]。可以说，王国维的"境界"兼具着双重视野，即艺术与人生。王国维常常为具有高远境界的艺术作品和主体人格，冠以"大"这一美感精神，形成了以"大文学"为代表的艺术审美范畴，和以"大词人"为代表的人生审美范畴。

(一)"大文学"

"大文学"是王国维所推崇的文学艺术最高的审美品

---

[1] 金雅：《"境界"与"趣味"：王国维、梁启超人生美学旨趣比较》，《学术月刊》2012年第8期。

格和精神风范。具有同等意义的概念，在王国维的表述中，还有"大诗歌""大著述""大著作"等。在王国维看来，创作"大文学""大诗歌"，实际上就是创现作品中的真实纯粹、高远阔朗的艺术境界。因此，以"大文学"为代表的这些概念系列，共同构成了王国维对具有高远至美境界的文学艺术作品的品鉴准则。

王国维指出，"大文学"的核心在于自然真实地表现客观世界与主观情感。"古今之大文学，无不以自然胜"，这也合乎他对境界要求"真味"的观点。王国维非常赞赏元曲，认为"元曲为中国最自然之文学"，元曲独特的意境在于"写情则沁人心脾，写景则在人耳目，述事则如其口出"。[1] 无论是诗词还是戏曲，王国维始终关注创作要呈现出"真景物""真感情"，如此才能彰显作品的艺术境界。在《人间词话》中，王国维以"隔"与"不隔"来区别诗人是否在作品中表现了"真景物""真感情"。王国维以"谢家池上，江淹浦畔""酒祓清愁，花消英气"举例来说明"隔"，[2] 此二语都只是景物和情感的拼接，初读都令人无法把捉其中意象所含之意，难解其中之味，所以"'隔'的作品用词缺乏形象感，无法形成生动的画面，难以出境界，

---

[1] 王国维：《宋元戏曲考（节选）》，载金雅主编，聂振斌选编《中国现代美学名家文丛·王国维卷》，中国文联出版社2017年版，第231—232页。
[2] 王国维：《人间词话定稿》，载金雅主编，聂振斌选编《中国现代美学名家文丛·王国维卷》，中国文联出版社2017年版，第179页。

王国维称读这种诗词犹如'雾里看花'"[1]。相反,"不隔"就是写情与写景的返璞归真、清新明澈。王国维以"生年不满百,常怀千岁忧。昼短苦夜长,何不秉烛游?"为例说明写情的不隔,以"采菊东篱下,悠然见南山。山气日夕佳,飞鸟相与还"为例说明写景的不隔。[2] 可以看出,无论写景还是写情,这些诗句都意象生动、意境清丽,无烦琐雕饰之态,具真实自然之美,用王国维的话说,就是"语语都在目前"[3]。因此,王国维对"大文学"的境界要求,核心仍然是自然真实地表现客观自然景物与主体诚挚情感,以"不隔"作为文学艺术的最高审美品格及其境界呈现。

王国维在继承中国古典诗论的基础上,积极吸收西方近代美学思想。西方经典美学将美的基本范畴划分为"优美"与"宏壮"(壮美)的理论观点,也被王国维吸纳发挥,与中国诗学范畴"境界"相勾连。王国维将艺术中的境界区分为"有我之境"与"无我之境",以其潜照"优美"与"宏壮"。当"有我之境"与"无我之境"指向艺术层面时,在王国维眼中并无绝对的高下之分;当"有我之境"与"无我之境"指向人生层面时,则"无我之境"是王国维更为推崇的人生美境。王国维指出,"有我之境"是

---

1 金雅等:《中国现代人生论美学引论》,中国社会科学出版社2020年版,第91页。
2 王国维:《人间词话定稿》,载金雅主编,聂振斌选编《中国现代美学名家文丛·王国维卷》,中国文联出版社2017年版,第180页。
3 王国维:《人间词话定稿》,载金雅主编,聂振斌选编《中国现代美学名家文丛·王国维卷》,中国文联出版社2017年版,第179页。

"以我观物",自我情感附着于自然景物之上,同时情感经历了由动荡向沉静的动态发展过程,如"泪眼问花花不语,乱红飞过秋千去""可堪孤馆闭春寒,杜鹃声里斜阳暮"。正如王国维所说,"一切景语皆情语"。这些诗句,真实表达了作者内心的凄凉哀婉、落寞苦闷,读者可以清晰地感受到作者内心情感的剧烈动荡、纠结挣扎。因此,"有我之境"即以自然景物清晰生动地表现主体内心复杂荡结之情感况味,实是"宏壮"的。"无我之境"是"以物观物",此时主体情感没有对外界的投射,只是面对自然景象浑然忘我,于是"不知何者为我,何者为物",这时主体内心是宁静和谐、淡然冲远的。王国维以"采菊东篱下,悠然见南山""寒波澹澹起,白鸟悠悠下"来说明"无我之境",这几句诗都真实生动地描绘了清丽淡远的自然景象,意象质朴自然,不事雕琢,主体内心情感隐匿在自然意象背后,读者能感受到作者宁静旷达的心境。[1] 因此,"无我之境"就是真实质朴地刻画自然景象,虽然其中也包含作者的思想情感,但是这种情感是不直接表露的,它隐匿在自然景象背后,又吐露着作者悠然淡远的主体心灵,所以具"优美"之韵致。王国维认为,能够在作品中表现出"有我之境"或"无我之境",都可成为彰显境界的"大文学",他不仅将展现"悲感"和"壮美"的《红楼梦》称为"大著

---

[1] 王国维:《人间词话定稿》,载金雅主编,聂振斌选编《中国现代美学名家文丛·王国维卷》,中国文联出版社2017年版,第170—171页。

述",也将沉潜"优美"的"无我之境"视为"豪杰之士"之"能自树立"。

(二)"大词人"

"大词人"也是王国维著述中出现频率较高的范畴。与"大词人"具有同样意义的,还有"大诗人""大文学家"等概念,王国维以"大"来称赞这类艺术主体,是因为"'大'不仅仅是拥有高超的艺术技能,他还要具有某种生命的境界"[1]。在王国维看来,境界不仅是艺术作品呈现出来的审美品格,也是艺术主体必须具备的审美品质与生命情怀。这些以"大"为共同标识的审美范畴,也构筑了王国维对文学家、艺术家的主体人生境界的评鉴标准。

境界的核心是对世俗功利的超越,因此"大词人"的境界,也必然要超越个人利益和世俗功利的考量,要有"赤子之心"和"诗人之眼"。"赤子之心"前文已谈及,就是一颗纯真自然、天真无邪的澄澈之心。"诗人之眼",实际上也是同义,就是超越世俗功利和个人得失的眼光。王国维以"政治家之眼"与"诗人之眼"对举,"政治家之眼",其眼光局限于"一人一事",虽然是胸怀大志,但本质上仍没有摆脱世俗功利的束缚,因此会说"君王枉把平陈业,换得雷塘数亩田"。"诗人之眼",则是一种审美性质的超越眼光,能够透过一时的表象,窥探到跨越时空的事

---

[1] 金雅:《"大词人"与"真感情"——谈〈人间词话〉的人生美学情致》,《浙江社会科学》2009 年第 3 期。

物本质，所以会言"长陵亦是闲丘陇，异日谁知与仲多？"由于"诗人之眼"的超功利视野，故更能够通古观今，从当下境遇中跳脱出来思考更深刻的人生问题、生命问题。[1]因此，王国维认为，"大词人"必须以超功利的审美视野，胸怀"赤子之心"，目有"诗人之眼"，先涵养出自身超拔洒落的生命境界，才能塑造出自然脱俗的艺术境界。

王国维指出，"大词人"要能够出"小我"入"大我"，使自己的精神意志融入宇宙生命之精神意志，表达出具有本真意义的人类共通的思想情感、精神意志。如王国维说："若夫真正之大诗人，则又以人类之感情为其一己之感情。"[2]王国维受18世纪著名诗人、哲学家席勒影响，认为文学艺术是人类"势力之欲"的发泄，是一种精神的游戏。普通人对"势力"的发泄通过娱乐游戏的方式，然而"大诗人"能够以全体人类的情感为自己的情感，他的"势力"充实而不能已，于是在表达自我情感的同时，也想要甚至更想要表达人类共通的情感。这时候的"大诗（词）人"，不再将情感表达局限于自我之内，他以对世俗利益、功利道德的超越，来抒发全体人类的思想情感、精神意志。所以，"大诗（词）人"的作品，可以作为"人类全体之喉舌"，读者在这样的作品中听闻悲欢啼笑之声，也会觉得是

---

[1] 王国维：《人间词话删稿》，载金雅主编，聂振斌选编《中国现代美学名家文丛·王国维卷》，中国文联出版社2017年版，第196页。
[2] 王国维：《人间嗜好之研究》，载金雅主编，聂振斌选编《中国现代美学名家文丛·王国维卷》，中国文联出版社2017年版，第137页。

自己"势力"的发泄，是自我内心情感意志的表达，"字字为我心中所欲言，而又非我之所能自言"[1]。另外，在王国维看来，"大诗（词）人"所凝聚的人类思想情感、精神意志，实际上也是最纯粹、最真实的东西，这种本真是普通人无法掌握到的，仅"大诗（词）人"能体味之、把捉之、表现之，所以王国维"境界"求"真"的另一层含义，也在于此。文学艺术如果仅仅是诗人艺术家自我情感、个体意志的表现，则不能称其为"大"。只有表达人类共通的情感意志、精神灵魂，传达这种具有本真意义的真实，才能称其为"大诗（词）人"。

王国维还提出，"大词人"应当是情感与想象兼备，同时也是学问与德性兼备，这些要素是"大词人"人生境界构成的关键品质。在《屈子文学之精神》中，王国维提出"大诗人"要将"北方人之感情与南方人之想象合而为一"[2]。他认为，屈原既具有北方人"深邃之情感"，又具有南方人"丰富之想象力"，因此成就为"周秦间之大诗人"。在《文学小言》中，王国维指出，天才还需要"济之以学问，帅之以德性，始能产真正之大文学"，譬如屈原、陶渊明、杜甫、苏轼等"旷世而不一遇"的"大词人""大诗人"，他们自有"高尚伟大之人格"，才涵"高尚伟大之文

---

[1] 王国维：《人间词话附录》，载金雅主编，聂振斌选编《中国现代美学名家文丛·王国维卷》，中国文联出版社 2017 年版，第 203 页。
[2] 王国维：《屈子文学之精神》，载金雅主编，聂振斌选编《中国现代美学名家文丛·王国维卷》，中国文联出版社 2017 年版，第 168 页。

学"。[1] 王国维特别强调，即便这些人"无文学之天才，其人格亦自足千古"[2]。王国维对"大词人"人生境界之看重，由此可见一斑。

在王国维，被称为"大词人""大诗人"的人，有屈原、李煜、苏轼、辛弃疾等。王国维发掘阐发了这些诗（词）人独特的人生审美样态，如屈原之"廉贞"、李煜之"性情"、苏轼之"旷达"、辛弃疾之"豪迈"。王国维说："言气质，言神韵，不如言境界。有境界，本也。气质、神韵，末也。有境界而二者随之矣。"[3] 这句话不仅适用于诗词文学的审美鉴赏，同样适用于人格和生命的审美评鉴。屈原、李煜、苏轼、辛弃疾等，之所以能呈现出别具一格的人生审美样态，其根本都在于拥有超于常人的高远境界。他们之所以在中国文学与文化史上占据重要地位，就在于他们出"小我"入"大我"，以其恢宏洒落的超越视野，在其作品中映现出具有本真意义的人类情感、时代精神、生命真谛，将他们高远旷逸的人生品格流淌进作品中，成就呈示了别具高格的艺术境界与人生美境。

---

[1] 王国维:《文学小言》，载金雅主编，聂振斌选编《中国现代美学名家文丛·王国维卷》，中国文联出版社2017年版，第141页。

[2] 王国维:《文学小言》，载金雅主编，聂振斌选编《中国现代美学名家文丛·王国维卷》，中国文联出版社2017年版，第141页。

[3] 王国维:《人间词话删稿》，载金雅主编，聂振斌选编《中国现代美学名家文丛·王国维卷》，中国文联出版社2017年版，第190页。

三、境界的终极指向：从"有我"到"无我"

王国维以"境界"将文学艺术的审美视野引向更为广阔鲜活的生命与人生，"境界"逸出诗词鉴赏的领域，成为贯通艺术作品与生命主体的审美范畴和精神样态。在王国维看来，"境界"有不同层面的区分，也存在发展衍化的动态过程及其终极指向。有着唯美情结的王国维，其"境界"范畴的最高旨趣，就在于抛除"小我"，追求"大我"，臻于"无我"。因此，王国维以"境界说"（包括"悲剧说"）等为代表的思想言说，"凸显了以'无我'为最高理想的艺术超越指向和人生审美精神"[1]，用王国维对境界的划分界定来说，就是"无我之境"。

（一）"我即宇宙，宇宙即我"

王国维所追求的"无我"之境，根本上是一种诗情诗意、自由包容的澄明之境。这种境界经历了对"自我"的超越，使"有我之境"升华到"无我之境"，主体以超然物外的生命态度，达到物我两忘同时又物我交融，自我的生命精神意志与整个宇宙的生命精神意志合而为一，实现万物和谐且共生。

在《孔子之美育主义》一文中，王国维表达了追求自我生命与宇宙生命融合为一的"无我"境界的审美观点。王国维谈到孔子在教育学生时，既传授诗乐之道，又让学

---

[1] 金雅：《"境界"与"趣味"：王国维、梁启超人生美学旨趣比较》，《学术月刊》2012 年第 8 期。

生赏玩自然之美，带领弟子"习礼于树下，言志于农山，游于舞雩，叹于川上"。孔子让众弟子畅谈自己的志向，其中曾点说："莫春者，春服既成。冠者五六人，童子六七人，浴乎沂，风乎舞雩，咏而归。"孔子听后，"喟然叹曰：'吾与点也！'"[1] 王国维指出，从曾点所说的志向中，可以看到他平日里对审美之情的涵养，由此也呈现出曾点超尘拔俗、超然物外，追求人与人、人与自然融合相谐之境的人生姿态。王国维称赞道："之人也，之境也，固将磅礴万物以为一，我即宇宙，宇宙即我也。"[2] "我即宇宙，宇宙即我"，也就是一种忘我、无我的精神超越状态，它所彰显的就是一种自由诗意、物我相谐、光风霁月、高远飘逸的生命至美胜境。

王国维提出著名的人生"三境界说"，同样充分展现了他对"我即宇宙，宇宙即我"这种"无我"境界的推崇与向往。《人间词话》第二十六则[3]，王国维说，古今能成大事业、大学问的人，必然经历三种之境界。第一境，是"昨夜西风凋碧树。独上高楼，望尽天涯路"。这层境界描写的是，主体在萧瑟背景下内心苦闷，烦忧萦绕，引发出对迷茫怅惘人生旅程的反思和对自我命运方向的追问。这层

---

1 陈戍国点校：《四书五经》（上册），岳麓书社 2002 年版，第 39 页。
2 王国维：《孔子之美育主义》，载金雅主编，聂振斌选编《中国现代美学名家文丛·王国维卷》，中国文联出版社 2017 年版，第 134 页。
3 王国维：《人间词话定稿》，载金雅主编，聂振斌选编《中国现代美学名家文丛·王国维卷》，中国文联出版社 2017 年版，第 176 页。

境界充满极强的自我情感意识,所以是"有我之境"。第二境,是"衣带渐宽终不悔,为伊消得人憔悴"。这层境界主体不再拘限于自我纠结的实历实感、迷惘命运,而将情愫升华为心中不息的理想、信仰,无怨无悔,但本质上还是"有我之境"。第三境,是"众里寻他千百度,蓦然回首,那人却在,灯火阑珊处"。这层境界主体不再执于自我,也不执于外物,而是在"寻他千百度"之后,超拔自我之"小我",融入超我之"大我",在蓦然回首间,在瞬间当下中,自然而然地呈现出一片自我与宇宙共在的、本真的、鲜活的、光亮的永恒世界。这一刻"灯火阑珊",照亮了自我生命,照亮了宇宙万象,也照亮了万物一体,照亮了活泼澄明的生命至境。这层境界中,主体既不执个体情感,也不执个体意志,而物我一体,浑然忘我,因此而达至"无我之境"。可以看出,王国维提出的"三境界说",是逐步趋向诗化、逸化、浪漫化的。王国维认为,要达到终极指向的"无我之境",必须要经历从"有我之境"对自我人生与命运的反思与追问,升华到超越"小我",融入鲜活敞亮的宇宙世界的"无我之境",要一步步抛除外在关系的束缚,消解自我内心的矛盾挣扎、自我与外物的痴缠纠葛,最终达到不滞于物、不困于心、不乱于人的物我诗性相融、世界活泼光明的生命至美境界。

正由于"无我之境"是自由诗意、和谐鲜活的,所以诗人艺术家才能在这"无我之境"中自由出入、和谐往还,领悟把握宇宙生命的精神意志、生命本真。王国维说:"诗人对宇宙人生，须入乎其内，又须出乎其外。"[1] 无论入其内还是出其外，都是面对宇宙人生境界自由出入、不困不滞的状态，其中关键就是把捉到"无我之境"的核心，除去物我利害关系之束缚，使自我投入广阔鲜活的宇宙疆域，以"我即宇宙，宇宙即我"的超拔视域，在天地之间俯观仰察世界万象，创作出具有"生气"和"高致"的艺术作品。

（二）"合于道德之法则"

王国维倡扬的"无我之境"，是一种大美境界，是具有本真意义的生命境界，同时他也为"无我之境"发掘开拓出在价值功能层面的意义，指明其最终通向至善的价值旨归。

王国维的美育思想深受席勒的影响，他希望以审美的方式使人类通向理想的道德境界。在《孔子之美育主义》中，王国维介绍了席勒的美育思想，"人日与美相接，则其感情日益高，而暴慢鄙倍之心自益远"，又说"审美之境界乃不关利害之境界，故气质之欲灭，而道德之欲得由之以生。故审美之境界乃物质之境界与道德之境界之津梁也"。[2] 王国维认为，审美可以使人类摆脱现实功利束缚与内心欲望羁绊，涵养阔达磊落的情感意志，从而拥有不患得患

---

[1] 王国维:《人间词话定稿》，载金雅主编，聂振斌选编《中国现代美学名家文丛·王国维卷》，中国文联出版社2017年版，第184页。

[2] 王国维:《孔子之美育主义》，载金雅主编，聂振斌选编《中国现代美学名家文丛·王国维卷》，中国文联出版社2017年版，第133页。

失、不为外物所奴役的宽广襟怀，于是内心自然生发出对待世界万物的道德态度。因此，审美能够沟通物质世界与道德世界，人类通过审美的境界可以修身养性，在物我一体、自由活泼的至美之境中，自然地攀升至理想的道德境界。王国维借席勒的话继续说："最高之理想存于美丽之心（Beautiful Soul），其为性质也，高尚纯洁，不知有内界之争斗，而唯乐于守道德之法则，此性质唯可由美育得之。"[1]这里的"美丽之心"与"无我之境"具有同样内涵，都是在自我生命与宇宙生命的和谐交融中，体味世界万象之美妙、众生存在之珍贵，进而唤起对本真道德的崇敬与向往。王国维指出，孔子所谓"吾与点也"、叔本华所谓"无欲之我"、席勒所谓"美丽之心"，表达的都是摆脱了功利、欲望束缚，自我与世界万物融为一体的自由诗境，"此时之境界：无希望，无恐怖，无内界之争斗，无利无害，无人无我，不随绳墨而自合于道德之法则"[2]。"不随绳墨而自合于道德之法则"，可以说就是王国维为"无我之境"赋予的善之意义，同样也赋予"境界"贯通真、善、美的人生美韵，极大地推进了"境界"的价值涵升。

---

[1] 王国维：《孔子之美育主义》，载金雅主编，聂振斌选编《中国现代美学名家文丛·王国维卷》，中国文联出版社2017年版，第133页。
[2] 王国维：《孔子之美育主义》，载金雅主编，聂振斌选编《中国现代美学名家文丛·王国维卷》，中国文联出版社2017年版，第134页。

王国维强调"无我"境界指向"合于道德之法则"的善，但这并不代表他主张审美、艺术以道德为目的，他恰恰是极其反对将审美艺术沦为道德附庸的。王国维深受西方近代美学的影响，其中康德希望以审美判断力从认识理性过渡到实践理性，也就是以审美实现道德的目标；席勒吸收康德思想，也认为只有经由审美状态才能达成感性与理性的平衡，从而意识到道德法则。王国维对"境界"操持的态度同样如此，"境界"作为审美之界，其本身具有本体性、独立性，传达着某种"宇宙人生之真理"，主体可以从审美的、纯粹的、真实的、无我的"境界"中，体味镌刻"真理"的道德，但若使"境界"沦为道德附庸，则"境界"的自体自性将烟消云散，所谓"道德"也将不免沦为世俗虚伪鄙陋的"乡愿"。王国维对"境界"之善美意义的发挥，也结合了中华优秀传统文化，尤其是诗词文学的经典意象之美趣，融合了中国人追求天人合一、物我一体的审美超越视野，是一种融西贯中的创构，从而赋予"境界"以深沉、丰厚、独特的品格。

梳理"境界"的概念脉络和精神演化，王国维是无法绕开的节点。王国维对"境界"趣韵最重要的推进，就是以审美、艺术、人生之统一，唤醒宏阔高逸的生命意识与人生情怀。但令人困惑慨叹的是，王国维虽钟情于审美话语中的"境界"，却终未能超拔解惑自己的生命。"从生命的无尽之欲到生命境界的建构，从审美的静观到无我的超脱，王国维最终回到了生命之欲不可消、人生之苦不可解、艺术与审美终不能拯救人生的审美救世之悖论中。"[1] 时间的车轮向前，历史不会停下脚步。王国维对自己生命结局的终极选择、梁启超对协和医院医疗事故的洒脱姿态，颇有意味地构成了 20 世纪初两道风格各异的景象，而他们的"境界"和"趣味"思想，在今天仍富有深沉深刻、耐人寻味的启益。

---

[1] 金雅:《"境界"与"趣味"：王国维、梁启超人生美学旨趣比较》,《学术月刊》2012 年第 8 期。

朱光潜的"情趣"

朱光潜（1897—1986）的"情趣"，是一种"无所为而为的玩索"的"人生的艺术化"精神。[1]"情趣"精神的关键，是需要具备一种"'无所为而为'的玩索"的生命美感内核。"生活之美的创造是以生命与生趣为本的，但对生活之美的玩索（领略）却需要距离与静出，即主体生命须在静出中超脱实用世界之苦恼，去玩索（领略）丰富的人生情趣。"[2]"玩索"，成为朱光潜美学具有标识性的、突出而特别的部分。与梁启超的"趣味"比较，朱光潜的"情趣"更倾心于生命的静出与体赏之美意，倡导用审美的眼光去观赏生活与人生，但观赏不意味着人生是不需要行动的。就此，朱光潜提出了人生之"演戏与看戏"的命题。他以

---

[1] 参见朱光潜《"慢慢走，欣赏啊！"——人生的艺术化》，载金雅主编，宛小平选编《中国现代美学名家文丛·朱光潜卷》，中国文联出版社2017年版，第3—9页。
[2] 金雅：《"趣味"与"情趣"：梁启超朱光潜人生美学精神比较》，《社会科学战线》2013年第7期。

艺术来观照人生，人生的舞台也在上演一部大戏剧。他说："戏要有人演，也要有人看：没有人演，就没有戏看；没有人看，也就没有人肯演。"[1] 朱光潜希望贯通"为"与"玩索"的关系，实现"人生的艺术化"。

一、"情趣"的精神："无所为而为的玩索"

朱光潜倡导"为"与"玩索"的无碍，并借艺术之境来洞明。"无所为而为的玩索"，一方面显示了行动、活动、创造与观照、玩索、欣赏的区别，另一方面又揭示了两者的统一。朱光潜认为生命之动静互渗、人生之入出自如，犹如艺术之创造中寓欣赏，欣赏中见创造，这种融创造与欣赏为一体的"人生艺术化"的境界，动中有静，以出为入，是生命与人生应享之理想状态。唯如此，才不仅能创造人生之至美，也可赏悦人生之至美。

（一）"静出"与"距离"

"情趣"的呈现，需要静出，需要观赏，需要保持"无所为而为的玩索"的美感心态，这是进入"情趣"的前置心理条件，即心理"距离"的建构。朱光潜的美学思想，受到梁启超、詹姆斯等人的启发，后来又受布洛等审美"距离说"的直接影响。但他的思想，并不像西方"距离说"纯从审美心理立论，而将审美活动与人生活动相贯通，

---

[1] 朱光潜：《看戏与演戏——两种人生理想》，载金雅主编，宛小平选编《中国现代美学名家文丛·朱光潜卷》，中国文联出版社2017年版，第10页。

在美感心理探讨中融入了真与善的人生尺度。

朱光潜认为,"情趣"是物我交感共鸣的结果。物我交感一方面是物与我处于活动中,两者均处于生生不息的状态;另一方面则是物与我的和谐,物与我处于同样的地位,物与我都不受对方的牵制,我也不会执着于物。而要达成这种生动的和谐,朱光潜指出,需要具备"无所为而为"的生命精神。朱光潜强调,美感(审美)活动是"无所为而为"的自由欣赏或创造,"无所为而为的玩索"活动,就"是人生唯一自由的活动,是至高的善与真,当然也就是美的,是人生'最上的理想'"。[1] 朱光潜承继了梁启超"不有之为"的主张,将重过程不重结果的"无所为而为"的精神,视为美的内核和审美人生的要旨,但朱氏确立的是"无所为而为的玩索"的概念,强调对人生至美创造的赏味,这实际上也是强调了人生实践的体验论。

值得注意的是,朱光潜的"玩索"既不是躺平,也不是游戏人生。"情趣"的前提是现实创造,是人生的活动;"情趣"的价值,指向生命的境界、心灵的高逸。朱光潜说:"我所谓'静',便是指心界的空灵","一般人不能感受趣味,大半因为心地太忙,不空所以不灵"。[2] 静不是寂(物界之寂),静也不是闲(生命之闲)。心静则不觉物界沉寂,也不觉物界喧嘈。因此,心静不必一定要逃离物界,

---

[1] 金雅:《人生艺术化与当代生活》,南京大学出版社 2023 年版,第 49 页。
[2] 朱光潜:《谈静》,载《朱光潜全集》第一卷,安徽教育出版社 1987 年版,第 15 页。

而自然能够建立与物界的距离。在生命之活动与尘世之喧嚷中，静（出）一方面"使人从实际生活牵绊中解放出来，一方面也要使人能了解，能欣赏，'距离'不及，容易使人回到实用世界，距离太远，又容易使人无法了解欣赏"[1]。艺术如此，人生也是如此。静（出）使人在人生的永动中，畅然领略人生之美趣。"一篇生命史就是一种作品。"[2] 创造和欣赏的最终目的，"都是要见出一种意境，造出一种形象"[3]。他说，"观照是文艺的灵魂"，艺术"是人生世相的返照，离开观照，就不能有它的生存"，[4] "诗人和艺术家们也往往以观照为人生的归宿"，他们"在静观默玩中得到人生的最高乐趣"。[5]

尽管朱光潜主张"看戏"与"演戏"各有其趣，但他还是情不自禁，从"情趣"到"意象"，标举人生的"看戏"之美格。也正是在这个意义上，朱光潜把"穷到究竟"

---

[1] 朱光潜：《"当局者迷，旁观者清"——艺术和实际人生的距离》，载《朱光潜全集》第二卷，安徽教育出版社1987年版，第17—18页。
[2] 朱光潜：《"慢慢走，欣赏啊！"——人生的艺术化》，载金雅主编，宛小平选编《中国现代美学名家文丛·朱光潜卷》，中国文联出版社2017年版，第6页。
[3] 朱光潜：《"大人者不失其赤子之心"——艺术与游戏》，载《朱光潜全集》第二卷，安徽教育出版社1987年版，第54页。
[4] 朱光潜：《看戏与演戏——两种人生理想》，载金雅主编，宛小平选编《中国现代美学名家文丛·朱光潜卷》，中国文联出版社2017年版，第17页。
[5] 朱光潜：《看戏与演戏——两种人生理想》，载金雅主编，宛小平选编《中国现代美学名家文丛·朱光潜卷》，中国文联出版社2017年版，第17、18页。

的科学活动和"最高的伦理的活动"视为"一种艺术的活动",并提出"无所为而为的玩索"是"唯一的自由活动,所以成为最上的理想"。[1]

(二)看戏与演戏

对于"看戏"与"演戏",朱光潜的基本主张是"看与演都可以成为人生的归宿"[2]。他以为就人生理想而言,看和演并无高低之分。"关键是,不管是看还是演,都要有静出之境界。看固然是观照,但没有演何来看?而光顾着演,不懂得欣赏和玩索之佳妙,亦终究泥于实境,不能开心。"[3]

"情趣人生更重在以动入与静出、创造与观照之关系的审美和谐来实现精神对物质、创造对欣赏、群体对个体、无限对有限的超越。"[4]取舍自如也是情趣的一大内涵。实际上,取舍自如就是出与入的和谐。在朱光潜看来,艺术家所估定的事物价值往往出于一般人意料之外。他能看重一般人所看轻的,也能看轻一般人所看重的。在看重一件事物时,他知道执着;在看轻一件事物时,他也知道摆脱。

---

[1] 朱光潜:《"慢慢走,欣赏啊!"——人生的艺术化》,载金雅主编,宛小平选编《中国现代美学名家文丛·朱光潜卷》,中国文联出版社2017年版,第7、8页。

[2] 朱光潜:《看戏与演戏——两种人生理想》,载金雅主编,宛小平选编《中国现代美学名家文丛·朱光潜卷》,中国文联出版社2017年版,第20页。

[3] 金雅:《人生艺术化与当代生活》,南京大学出版社2023年版,第67页。

[4] 金雅:《"趣味"与"情趣":梁启超朱光潜人生美学精神比较》,《社会科学战线》2013年第7期。

所以，朱光潜所认为的人生的艺术化也是要能够达到出与入的和谐，也是要主张对于人生的严肃主义，而"伟大的人生和伟大的艺术都要同时并有严肃与豁达之胜"[1]。朱光潜更为关注的是"无所为而为的玩索"，即生命活动中创造与欣赏的和谐统一才是美的最高实现。他反复强调，生命活动的目的就是要创造、要欣赏，"欣赏之中都寓有创造，创造之中也都寓有欣赏"[2]；"人生乐趣一半得之于活动，也还有一半得之于感受"；"世界上最快活的人不仅是最活动的人，也是最能领略的人"。[3] 领略需要静出。活动与领略的关系，也就是看戏与演戏的关系，是能"入乎其内"也能"出乎其外"。

看戏与演戏、活动与领略的相和相应，也是动入与静出、创造与观照、严肃与豁达的对立和谐。"以出世的精神，做入世的事业"，是朱光潜一生尊奉的人生座右铭，这也是他的"无所为而为的玩索"精神和"人生的艺术化"精神的另一种表述。在朱光潜这里，看戏与演戏，入世和出世，并不矛盾，关键在于主体将"无所为而为的玩索"的精神贯彻生命的始终，将"人生的艺术化"的意趣带入

---

[1] 朱光潜：《"慢慢走，欣赏啊！"——人生的艺术化》，载金雅主编，宛小平选编《中国现代美学名家文丛·朱光潜卷》，中国文联出版社2017年版，第6页。

[2] 朱光潜：《"大人者不失其赤子之心"——艺术与游戏》，载《朱光潜全集》第二卷，安徽教育出版社1987年版，第54页。

[3] 金雅：《朱光潜对中华人生论美学精神的传承创化及其当代意义》，《社会科学战线》2018年第4期。

人生的实践之中。

二、"情趣"的生成：情感"意象"化

朱光潜对情感尤为看重。他说："我坚信情感比理智重要，要洗刷人心，并非几句道德家言所可了事，一定要从'怡情养性'做起，一定要于饱食暖衣、高官厚禄等等之外，别有较高尚、较纯洁的企求。"[1]在当代社会，很多人没有见出、领略出生活的美趣，大多是因为没有美化情感，在利害的关系网里无法挣脱。用朱光潜的话说，就是"俗不可耐"。而"俗"，正是由于美感修养的缺乏。

（一）情感是"情趣"的核心

朱光潜认为，情趣的本质是"物我交感共鸣"的和谐，而情感又是情趣的核心。"情感是心理中极原始的一种要素。人在理智未发达之前先已有情感；在理智既发达之后，情感仍然是理智的驱遣者"[2]；"理智指示我们应该做的事甚多，而我们实在做到的还不及百分之一。所做到的那百分之一大半全是由于有情感在后面驱遣"[3]。

"情"在朱光潜这里，是指抛却利害得失的计较，去关注自身生命趣好的内在深层动能。情感是情趣的内核。构

---

[1] 朱光潜：《谈美·开场话》，载《朱光潜全集》第二卷，安徽教育出版社1987年版，第6页。
[2] 朱光潜：《"从心所欲，不逾矩"——创造与格律》，载《朱光潜全集》第二卷，安徽教育出版社1987年版，第75页。
[3] 朱光潜：《谈情与理》，载《朱光潜全集》第一卷，安徽教育出版社1987年版，第44页。

建美的情趣的情感,首先是"至性深情"的,它是真生命气韵的深沉流露,不俗不伪;其次是"生生不息"的,它"体物入微",因景生情,变动不居,充满生气;再次,它也是艺术化的,它不是原生态的日常情感,而是经过"客观化"和"反省"的,是情感主体将客观情感放到一定的距离以外,以"无所为而为"的态度去观照与重构,从而提升起来的美的情感。"艺术是情感的返照",但"只有情感不一定就是艺术"。在朱光潜这里,情感的艺术化就是情感的情趣化,反之亦然。[1]

朱光潜强调,"情趣"关联于"生活""活动""创造""趣味""领略"。生活是人生的第一桩事,其他都只能排在其后。生活中,情大于理,若完全依赖理智的生活,则生活失去很多实"感"和活"趣"。创造是理想人生的目标,但要懂得取舍,既要努力实现创造,又要珍惜对活动本身的感受和领略。"所谓'感受'是被动的,是容许自然界事物感动我的感官和心灵";"所谓'领略',就是能在生活中寻出趣味"。[2]

生活一面是活动,另一面是领略。朱光潜在《谈动》中说,如果失去了活动,那就会产生愁、产生郁,而愁、郁都是需要泄的,因此涉及众多活动。但是,活动的另一

---

[1] 参见金雅《人生艺术化与当代生活》,南京大学出版社2023年版,第51页。
[2] 朱光潜:《谈静》,载《朱光潜全集》第一卷,安徽教育出版社1987年版,第14—15页。

方面是领略，是感受。这就需要"静趣"。他指出，"所谓'静'，便是指心界的空灵，不是指物界的沉寂，物界永远不沉寂的。你的心境愈空灵，你愈不觉得物界沉寂，或者我还可以进一步说，你的心界愈空灵，你也愈不觉得物界喧嘈。所以习静并不必定要逃空谷，也不必定学佛家静坐参禅"[1]。朱光潜是深谙人生的辩证法的。他"主张人生宜动，而心界宜静，这样方能以心界之空灵而领略人生之至乐"[2]。

自然情感"至性深情"而"生生不息"，但还需经过"无所为而为的玩索"的艺术态度去观照与重构，才能涵成和升华为美的情感。在朱光潜这里，情感的情趣化也即情感的艺术化和美化。朱光潜充分肯定了情感的动力意义、美学价值及其提升空间，从而与中国传统文化重礼抑情的基本倾向具有显著的差别。他不是纯感性论者，而是倡导涵情美情，提倡情感的蕴真向善，从而把情感美化和情趣生成视为美的艺术和审美人生建构的关键之一。

（二）"意象"是"情趣"的中介

朱光潜认为，"俗"是生活中的功利化，缺少美感的精神。要脱"俗"，就需要陶养情感，进入"美感世界"，培养美感精神。由"俗"到"雅"，是从功利限制的不自由，到摆脱功利的相对自由。朱光潜说："情感思想便是人的生机，生来就需要宣泄生长，发芽开花……文艺是情感思想

---

[1] 朱光潜：《谈静》，载《朱光潜全集》第一卷，安徽教育出版社1987年版，第15页。
[2] 金雅：《人生艺术化与当代生活》，南京大学出版社2023年版，第46页。

的表现，也就是生机的发展，所以要完全实现人生，离开文艺决不成。"[1]每个人都希望活得健康、活得漂亮，这恰恰意味着把自己的人生当成艺术品一样去创造。人的生命实践既是认真严肃的，也是自觉自由的，这亦与艺术的审美创造相通相应。

在"情趣"思想中，朱光潜提出了"意象"在"情趣"生成中的中介作用，主张通过艺术意象的创构来化情为趣，从而创化、观审、体味美的情感。

"艺术都是主观的，都是作者情感的流露，但是它一定要经过几分客观化。艺术都要有情感，但是只有情感不一定就是艺术。"[2]因为，"艺术所用的情感并不是生糙的而是经过反省的"，"艺术家在写切身的情感时，都不能同时在这种情感中过活，必定把它加以客观化，必定由站在主位的尝受者退为站在客位的观赏者。一般人不能把切身的经验放在一种距离以外去看，所以情感尽管深刻，经验尽管丰富，终不能创造艺术"[3]。情感只有经过艺术化，即距离—客观化—反省，才能由真实的升华为"情趣"的。"情趣"中的情感，不是情的直接宣泄，"只达到'表现'就可以了事，它还要能'传达'"，"传达"就是通过内容与形式的完

---

[1] 朱光潜：《文学与人生》，载金雅主编，宛小平选编《中国现代美学名家文丛·朱光潜卷》，中国文联出版社2017年版，第240页。
[2] 朱光潜：《"当局者迷，旁观者清"——艺术和实际人生的距离》，载《朱光潜全集》第二卷，安徽教育出版社1987年版，第19页。
[3] 朱光潜：《"当局者迷，旁观者清"——艺术和实际人生的距离》，载《朱光潜全集》第二卷，安徽教育出版社1987年版，第19页。

美融合,"见出一种意境,造出一种形象",一种完整和谐的"意象"。[1]"情趣"的实现,在艺术中是领略与观赏美的意象,在生活中是领略与观赏美的物象。

让日常生活艺术化、情趣化,让生活为艺术所改造和升华,并使其逐渐成为日常生活的常态,而不是偶然。朱光潜曾面对现实发出这样的感慨:"我自己也还是一个'未能免俗'的人,但是我时常领略到能免俗的趣味,这大半是在玩味一首诗、一幅画或是一片自然风景的时候。"[2]"情趣"有助于人在日常生活中去领略人生的美趣,从而得以免俗超脱,这就极大地拯救了现实人生的蝇营狗苟。人们在现实生活中不断地歌唱着"诗和远方",主要就是因为在并不完满的现世,美和艺术具有充实、丰富、升华人生的精神意义和理想价值。朱光潜希望,人人都能在"看到一首诗、一幅画或是一片自然风景的时候",在"看过之后","比较从前感觉到较浓厚的趣味,懂得象什么样的经验才是美感的,然后再以美感的态度推到人生世相方面去"。[3]"情趣"态度的普及推广,就是艺术和审美对日常生活的广泛介入,是对现实人生的唤醒和改造,推动人生走向艺术化、审美化。

---

1 参见朱光潜《"当局者迷,旁观者清"——艺术和实际人生的距离》,载《朱光潜全集》第二卷,安徽教育出版社 1987 年版,第 19 页。
2 朱光潜:《谈美·开场话》,载《朱光潜全集》第二卷,安徽教育出版社 1987 年版,第 6—7 页。
3 朱光潜:《谈美·开场话》,载《朱光潜全集》第二卷,安徽教育出版社 1987 年版,第 7 页。

三、"情趣"的实现:"慢慢走,欣赏啊!——人生的艺术化"

朱光潜说:"严格地说,离开人生便无所谓艺术,因为艺术是情趣的表现,而情趣的根源就在人生;反之,离开艺术也便无所谓人生,因为凡是创造和欣赏都是艺术的活动,无创造、无欣赏的人生是一个自相矛盾的名词。"[1] 他明确将人生与艺术并置,目的就是说明艺术和人生的理想关系。他的想法,是将人生变成艺术的,使人生实现艺术化,这就扩大了艺术审美的领域范围。而"人生的艺术化",也是"情趣"的最终实现形态。"情趣"落在实践上,最终就是人生实践。朱光潜的美学,并不停留在艺术的单一维度,而是试图通过美的创化达至人生的诗意。他的"情趣",更突出了以艺术观照人生的省思姿态,在于"玩索"和"静出"中的人生超逸,在于出与入中的和谐不执。

"情趣"的追求和实现,是朱光潜思想的一个聚焦点。他的路径是以艺术美为标杆,通过艺术化去创构,在艺术化、审美化中去达成。"艺术是情趣的活动,艺术的生活也就是情趣丰富的生活。人可以分为两种,一种是情趣丰富的,对于许多事物都觉得有趣味,而且到处寻求享受这种趣味。一种是情趣干枯的,对于许多事物都觉得没有趣味,也不去寻求趣味,只终日拼命和蝇蛆在一块争温饱。后者

---

[1] 朱光潜:《"慢慢走,欣赏啊!"——人生的艺术化》,载金雅主编,宛小平选编《中国现代美学名家文丛·朱光潜卷》,中国文联出版社 2017 年版,第 3 页。

是俗人，前者就是艺术家。情趣愈丰富，生活也愈美满，所谓人生的艺术化就是人生的情趣化。"[1]

朱光潜认为，人在日常生活中热爱艺术，有浓厚的生活趣味，就是在日常生活中情趣丰富；反之，如果缺乏艺术兴趣，对一切都非常冷漠，了无生活热情，就是情趣的干枯。生活中富有艺术情趣之所以这么重要，是因为在生活中富有艺术和美感意识，会激活对生活中各类事物的兴趣，而且对自己的言行、穿着、意态等具体方面，也会更有强烈的美感意识。他主张把艺术态度推衍到整个人生之中，以美感精神从事人生活动，领略人生情趣，建构美丽人生。

"情趣"的人生，或曰"人生的艺术化"，是朱光潜理想的生命姿态和人生胜境。"情趣"在这里，有着广义而丰富的内涵，是真善美的一体。包括：充满生机，体现出"生生不息"的生命活力；充溢情感，是内蕴至真至善的情感；取舍自如，达成出与入、严肃与豁达、看戏与演戏的和谐；本色自然，至性真情的自然呈现；和谐完整，"大而进退取与，小而声音笑貌，都没有一件和全人格相冲突"[2]。因此，和谐完整的艺术品就是艺术杰作，和谐完整的生命

---

[1] 朱光潜：《"慢慢走，欣赏啊！"——人生的艺术化》，载金雅主编，宛小平选编《中国现代美学名家文丛·朱光潜卷》，中国文联出版社2017年版，第8页。
[2] 朱光潜：《"慢慢走，欣赏啊！"——人生的艺术化》，载金雅主编，宛小平选编《中国现代美学名家文丛·朱光潜卷》，中国文联出版社2017年版，第4页。

状态也就是"人生的艺术化"。

朱光潜慨叹:"过一世生活好比做一篇文章。完美的生活都有上品文章所应有的美点。""人生本来就是一种较广义的艺术。每个人的生命史就是他自己的作品。"[1]在朱光潜看来,"人生艺术化"和"人生的情趣化"也是一体而两面。而不管是"艺术化"还是"情趣化",首先都要拥有"无所为而为的玩索"的生命精神,都要在执着和摆脱中建构好美的距离,确立起"慢慢走,欣赏啊!"的人生态度。"慢慢走,欣赏啊!"是朱光潜倡导的最理想而近于人性的"人生的艺术化"的美好境界。朱光潜认为,每个人都可以成为人生艺术家,都能够充分地创构、感受、品味、欣赏这样的人生境界,从而能够将自己的生活涵泳为富有情趣的艺术化人生。

"朱光潜所主张的人生情趣之丰富,不是在简单的生活美学层面上要求人在生活中应该兴趣广泛、热爱生活,而是从生命的健康活力的本性出发,要求人严肃地看待人生,积极地追求人生实践中人格的和谐统一以实现人生的艺术化、审美化。"[2]

---

[1] 朱光潜:《"慢慢走,欣赏啊!"——人生的艺术化》,载金雅主编,宛小平选编《中国现代美学名家文丛·朱光潜卷》,中国文联出版社2017年版,第4页。
[2] 金雅等:《中国现代人生论美学引论》,中国社会科学出版社2020年版,第131页。

宗白华的"情调"

宗白华（1897—1986），中国现代最富诗性情韵的美学家之一，他的美学是对生命至真的叩问和生命诗性的构想。"情调"是宗白华美学的重要命题。宗白华将"情调"引入人生、人格、艺术、审美、文化等多重现实维度，又提升到形上本体维度，是其打通艺术、人生、生命的枢机。"情调"在宗白华这里，既是一种生命本真、人生态度、人格品性、艺术精神，又是一种生命践履的弘发。因为"情调"的融彻，他的美学流泛着深情潜泳、诗意洒落的至真、至情、至性的基调，洋溢着飘逸、和谐、自由、诗意的品格。

一、"情调"与宇宙韵律

"情调"是宗白华对宇宙生命核心的形上体悟与把捉。宗白华的美思以哲学为肇，受到中国传统哲学和叔本华、康德、尼采、柏格森等西哲的影响。宗白华对世界本质的形上思辨具有浓厚的兴趣，对宇宙、生命问题的思考也直探本真。宗白华认为,"情调"来自宇宙生命之本体,是宇宙生命最深处的律动。"情调"就是"至动而有条理""至动而有韵律"。生命在永恒的动中,流衍运化,穿透本相,实现自身的节奏和韵律,自由而丰沛地舒舞。从"情调",宗白华通向了对美和艺术本真的追问,发现了美和艺术最深处最真实的诗性。

(一)生命的至动

"情调",是宗白华美学中出现频率相当高的一个概念。宗白华的"情调",首先与生命相勾连,既是个体"生命情调",也是宇宙"生命情调"。"生命情调与生命情绪、生命节奏、生命核心等概念具有互通性,也与宇宙意识、文化精神、艺术精神等概念具有互通性。"[1]宗白华热烈倡导建设一种"新生命情调""一个新的生命的情绪",在他看来,"生命情调"不仅是个体生命的永恒活跃、突破矛盾、自由奔逸,也是整个宇宙深处流淌出的节奏与形式的和谐、韵律与规则的整饬。这种"生命情调"是个体生命和整个宇宙的本质与核心,是宇宙生命最深处的真实存在。

宗白华指出,在个体生命中,"生命情调"的体现就是"生命本身价值的肯定"[2]。这种肯定,一方面源于对生命中伸张与收缩、前进与循轨、流动与形式之矛盾冲突的正视和情感,另一方面来自生命中流动不居的永恒活跃与创造。

---

[1] 金雅:《人生艺术化与当代生活》,商务印书馆 2013 年版,第 122 页。
[2] 宗白华:《歌德之人生启示》,载金雅主编,王德胜选编《中国现代美学名家文丛·宗白华卷》,中国文联出版社 2017 年版,第 47 页。

正是这两方面的碰撞交融，实现了生命的和谐舒逸与自由创造。宗白华以歌德为例，指出歌德的人生给人以永恒青春、永恒矛盾的感受。这种矛盾与挚爱的交织，赋予生命以浓厚深情、热烈绽放、自由奔逸、强烈碰撞，呈现出一种"新的生命情绪"，这种"新的生命情绪"给予生命本身价值以强烈的肯定。宗白华正视歌德人生中"生活欲的无限扩张"与"瞬间的满足与停留"之间的矛盾，也正视歌德追求"流动不居的生命"和"圆满谐和的形式"之间的矛盾。同时宗白华敏锐地发现，歌德对种种矛盾都投入同样强烈的情感，于是这种种矛盾不断激发着歌德的生命活力，在"小我"化"大我"中，探寻生命情绪的流动与奔腾。因此宗白华强调，歌德的"生命情调"，它是一个"完全是浸沉于理性精神之下层的永恒活跃的生命本体"[1]。"生命情调"不仅是生命最深处的真实存在，而且这种"生命情调"具有至动至性、永恒活跃的品质。歌德就是在生命与形式、流动与整饬、扩张与收缩之间，寻找生命的自由舒展、纵身大化，化内心矛盾为和谐秩序，化冲动私欲为清明意志，不断给予生命本身价值的肯定，在生命的扩张与收缩、奔放与克制、节奏与秩序中，涵泳出舒逸洒落、自由诗意的"生命情调"。

宗白华由个体的"生命情调"展开，洞悉整个宇宙

---

[1] 宗白华：《歌德之人生启示》，载金雅主编，王德胜选编《中国现代美学名家文丛·宗白华卷》，中国文联出版社2017年版，第48页。

深处的本质与核心。"生命情调"不仅是个体生命的自由舒展，而且是宇宙生命最深处生发的节奏与韵律。宇宙的"生命情调"，在宗白华看来，是一种节奏与秩序、韵律与条理、流动与形式的和谐整饬。宗白华认为，"宇宙是无尽的生命、丰富的动力，但它同时也是严整的秩序、圆满的和谐"[1]。宗白华透过古希腊哲学家毕达哥拉斯"数"的宇宙原理，指出宇宙的秘密就在于"'数'的永久定律"与"至美和谐的音乐"的融合之间，在定律与和谐、形式与律动中，宇宙"生命情调"由此得以彰显。宇宙的"生命情调"既有自由和谐的生命舒展，又有严密整饬的形式定律，是"生生而具有条理的"。其中，"生生"就是永恒的、活跃的"动"的形态与展现，所以宇宙就是无尽生命和丰富动力的运化，在生命流动中又保持"严整的秩序、圆满的和谐"，因此宇宙生命的本质特征就是"至动而有条理""至动而有韵律"。宗白华既关注生命深处的生生不息、活力创化，也关注生命内部的激烈矛盾、严整秩序，他探掘了"生命情调"的本体意义，将这种对立融合，生命的跃动秩序与宇宙的至动规律并流统行，将个体生命与宇宙生命合一，将节奏韵律与形式规则合一，将矛盾冲突与自由谐和合一，赋予"（生命）情调"和谐整饬的美的姿趣。

宗白华曾大量创作"流云小诗"，也经常观海赏艺。无

---

[1] 宗白华:《哲学与艺术——希腊大哲学家的艺术理论》，载金雅主编，王德胜选编《中国现代美学名家文丛·宗白华卷》，中国文联出版社2017年版，第168页。

论是抒写自然景物,还是观感人文艺术,他都能从中体察生命之活泼和宇宙之精神。他的文字,"既有宇宙的一体性,宇宙的内在呼吸与律动,又有宇宙各事物之间的关联,以及诗人对宇宙的领悟体验。人处天地自然之间,能具体感受到万物的生机与灵动,是一派和谐敞亮的景象"[1]。

宗白华以"(生命)情调"统领个体与宇宙之生命枢机。对"(生命)情调"的具感体认和形上思悟,是他美学理论、艺术活动、生活实践共通之特质。

(二)艺术的律动

在宗白华看来,"情调"不仅是宇宙生命的真实本体,而且是个体生命涵育中人生、人格建构的诗意彰显,更是美和艺术的深度本质呈现。他认为,美与艺术的核心特质,在于"至动而有条理的生命情调"[2]。这种艺术的情调表现于节奏谐和、韵律整饬、活力圆满的艺术形式,直指生命的内核,呈现出主体生命内部深处的诗性律动。

宗白华认为,艺术中的"生命情调"实际上是个体生命情调的涌入。"在宗白华看来,宇宙、人生、艺术就其本质和运化规律而言是相通的。"[3] 他以歌德诗歌为例,指出歌德诗歌的源泉,"就是他那鲜艳活泼,如火如荼的生命本

---

[1] 金雅等:《中国现代人生论美学引论》,中国社会科学出版社2020年版,第186页。

[2] 宗白华:《论中西画法的渊源与基础》,载金雅主编,王德胜选编《中国现代美学名家文丛·宗白华卷》,中国文联出版社2017年版,第318页。

[3] 金雅:《宗白华的"艺术人生观"及其生命诗情》,《艺术百家》2015年第6期。

体"[1]。"生命情调"能够穿透到艺术作品之中,生命明媚灿烂的节奏韵律能够灌注于作品中,使艺术作品彰显出跳动的节奏、活跃的韵律,也就是"诗人用文字,音调,节奏,形式,写出这景物在心情里所引起的澜漪"[2]。宗白华还提出,如何将个体的"生命情调"灌注入艺术,其中的关键就是"打破心与境的对待,取消歌咏者与被歌咏者中间的隔离"[3]。宗白华非常强调艺术创作时情与景的相融,他指出艺术所致力于表现的,就是"主观的生命情调与客观的自然景象交融互渗,成就一个鸢飞鱼跃,活泼玲珑,渊然而深的灵境"[4]。宗白华非常提倡将主观的"生命情调"投入外在的自然景象中,认为只有包含"生命情调"的艺术创作,才能构现出自由诗意、飘逸澄明的艺术意境。当个体的生命涌入艺术中,艺术也彰显出浮沉隐现、缠绵婉转的趣姿,如此才能抒写出艺术家"新的动的人生情绪"[5]。

宗白华指出,中国的音乐、建筑、舞蹈、绘画等艺术,

---

[1] 宗白华:《歌德之人生启示》,载金雅主编,王德胜选编《中国现代美学名家文丛·宗白华卷》,中国文联出版社 2017 年版,第 55 页。
[2] 宗白华:《歌德之人生启示》,载金雅主编,王德胜选编《中国现代美学名家文丛·宗白华卷》,中国文联出版社 2017 年版,第 56 页。
[3] 宗白华:《歌德之人生启示》,载金雅主编,王德胜选编《中国现代美学名家文丛·宗白华卷》,中国文联出版社 2017 年版,第 56 页。
[4] 宗白华:《中国艺术意境之诞生(增订稿)》,载金雅主编,王德胜选编《中国现代美学名家文丛·宗白华卷》,中国文联出版社 2017 年版,第 262 页。
[5] 宗白华:《歌德之人生启示》,载金雅主编,王德胜选编《中国现代美学名家文丛·宗白华卷》,中国文联出版社 2017 年版,第 57 页。

都流露着内在深处的"生命情调"。从音乐的角度来说，宗白华以对宇宙"生命情调"的把捉，来观审音乐的节奏与韵律，他认为音乐的节奏韵律融贯着"全部宇宙之和谐"。音乐不仅是数的整饬形式的构造，也是"人类心灵最深最秘处的情调与律动"[1]。正是由于音乐的节奏律动与生命的情调同频共振，因此音乐也对人心的和谐、行为的节奏有积极的影响。宗白华进一步提出，不只音乐的节奏与和谐，建筑形体的抽象结构、舞蹈的线纹姿势，都是"最能表现吾人深心的情调与律动"[2]。宗白华还谈到中国绘画的特殊情调。他指出，中国绘画起源的伏羲画八卦，就是以简单的线条、飞动的结构，来表示宇宙万象的变化节奏，发展到中国山水花鸟画中所反映的儒释道境界，也要求在"静观寂照中，求返于自己深心的心灵节奏，以体合宇宙内部的生命节奏"[3]。因此在宗白华看来，美和艺术的情调是在体味万象的具体实践中，深入生命节奏的核心，在"摇曳荡漾的律动与谐和"中，把握体悟"不可言、不可状之心灵姿式与生命的律动"，"以自由谐和的形式，表达出人生最深

---

1 宗白华：《哲学与艺术——希腊大哲学家的艺术理论》，载金雅主编，王德胜选编《中国现代美学名家文丛·宗白华卷》，中国文联出版社 2017 年版，第 165 页。
2 宗白华：《略谈艺术的"价值结构"》，载金雅主编，王德胜选编《中国现代美学名家文丛·宗白华卷》，中国文联出版社 2017 年版，第 179 页。
3 宗白华：《论中西画法的渊源与基础》，载金雅主编，王德胜选编《中国现代美学名家文丛·宗白华卷》，中国文联出版社 2017 年版，第 328 页。

的意趣"。[1] 宗白华还深入观照歌德、莎士比亚、晋人、唐诗、中国画等颇具代表性的中西艺术家及作品，他尤其擅长从中西对比的研究视角来剖析艺术深度的核心与本质，通过解读艺术之动与静、情与景、虚与实、扩张与收缩、寂静与飞动、心灵与形式、充实与空灵、节奏与韵律的诗性统一，揭示美和艺术最真实、最深处的情调内核。在对美和艺术的诗性追问中，"情调"得以具彰，它"不是单一而是充实，是入世雄强又超世旷达，通于艺术精神，合于宇宙大道，是至动而有韵律的理想人格和诗性人格的至美写照"[2]。

美与艺术中的"（生命）情调"，在宗白华看来，也呈现着"舞"的飞动姿态。在名篇《中国艺术意境之诞生》中，宗白华用"舞"这个概念来概括中国艺术意境的表现状态，"舞"也彰显出美和艺术"情调"的和谐飞动之恣意。他感慨，"'舞'，这最高度的韵律、节奏、秩序、理性，同时是最高度的生命、旋动、力、热情，它不仅是一切艺术表现的究竟状态，且是宇宙创化过程的象征"[3]。宗白

---

[1] 宗白华：《论中西画法的渊源与基础》，载金雅主编，王德胜选编《中国现代美学名家文丛·宗白华卷》，中国文联出版社 2017 年版，第 318、319 页。

[2] 金雅：《趣味与情调：梁启超宗白华人生美学情致比较》，《社会科学辑刊》2012 年第 5 期。

[3] 宗白华：《中国艺术意境之诞生（增订稿）》，载金雅主编，王德胜选编《中国现代美学名家文丛·宗白华卷》，中国文联出版社 2017 年版，第 269 页。

华认为,在艺术的"舞"中,在节奏与韵律的波动中,在秩序与理性的统合中,在生命与旋动的舒展中,在力与热情的交融中,中国艺术意境得以彰显,绽放出幽深而热烈飞舞的"(生命)情调",也具征了宇宙生生创化的"(生命)情调"。

二、"情调"与超世入世

宗白华将"情调"引入对人生的思考中,人生的"情调"源于生命深处的情绪,驱动于自我内心的情感,是生命中情感与力量的和谐、流动与秩序的整饬、自由飘逸与一往情深的共舞。宗白华指出,"和谐与秩序是宇宙的美,也是人生美的基础"[1]。美的人生就是在丰富而和谐、流动而和谐、冲突而和谐之中,实现感性与理性、情感与意志的和融,"在和谐的秩序里面是极度的紧张,回旋着力量,满而不溢"[2]。在宗白华看来,这种既极具自由活力,又充满韵律和谐的人生情调,是一种超世与入世的统一。

(一)自由超逸的生命诗性

在宗白华这里,超世表现为一种自由超逸的生命诗性。宗白华的一生,始终关注如何建构一个自由和谐、诗意盎

---

[1] 宗白华:《哲学与艺术——希腊大哲学家的艺术理论》,载金雅主编,王德胜选编《中国现代美学名家文丛·宗白华卷》,中国文联出版社2017年版,第168页。

[2] 宗白华:《哲学与艺术——希腊大哲学家的艺术理论》,载金雅主编,王德胜选编《中国现代美学名家文丛·宗白华卷》,中国文联出版社2017年版,第168页。

然、充满情调的诗意人生。宗白华主张人生的超然洒落，而非出世、遁世，他强调在"无可而无不可，无为而无不为"中，创造思想之高尚、精神之强健。在建构人生的自由超逸层面，宗白华提出了艺术人生观，期望将美和艺术的襟怀融入人生，实现人生至真至善至美的"情调"。

宗白华认为，经常接触艺术、欣赏艺术，就会以对待艺术的态度与精神来对待人生，这样我们的人生视域就不会只局限在自我观照上，而会逐渐形成一种"超小己的艺术人生观"。"这种艺术人生观就是把'人生生活'当作一种'艺术'看待，使他优美、丰富、有条理、有意义。总之，就是把我们的一生生活，当作一个艺术品似的创造。"[1] 宗白华强调，生命是流动的、动态的、前进的，实现自由超逸的生命诗性，就是在生命的积极流动中进行人生审美创化，我们要积极以"唯美的眼光"看待世界宇宙，无论美的、丑的，都以审美心胸来体认，以诗性襟怀观万象。

宗白华提出，建立艺术的人生态度，建构生命的诗性"情调"，关键在于"我们对于生活的处置如何"[2]。宗白华给出了向内涵养审美心胸和向外扩展审美情感的两种方式。一方面，我们可以用不同的观察视角，如艺术的、人生的、社会的、科学的、哲学的，将寂寞的、平常的、单调的生

---

[1] 宗白华：《青年烦闷的解救法》，载金雅主编，王德胜选编《中国现代美学名家文丛·宗白华卷》，中国文联出版社2017年版，第29页。
[2] 宗白华：《怎样使我们生活丰富？》，载金雅主编，王德胜选编《中国现代美学名家文丛·宗白华卷》，中国文联出版社2017年版，第33页。

活环境，变成复杂的、丰富的、多姿的审美对象，将我们的"心"涵化成多方面的折光的镜子。要扩充丰富我们的"内在经验"，让情绪意志与生命行动共感共振，在生命的波浪、世界的潮流中，感受情绪细微的震颤与感动，把握意志汹涌的翻滚与升腾。另一方面，我们要发挥同情的作用与价值，入小我于大我，将自我情感投入人类社会中去，使自我情绪感觉与全人类的情绪感觉一致颤动。同时也将对人类社会的同情扩张到大自然宇宙中，使宇宙自然万物万象的"生命情调"与自我的"生命情调"同频共振。宗白华期望"以艺术之美启迪生命之真，使人生臻于真善美的化境"[1]。他认为，这种热情灿烂、丰富多彩的艺术式生活，对于建构自由超逸的生命诗性，创化生机盎然的生命"情调"，具有极大的积极作用。

追求生命的自由诗意，创构人生的诗化"情调"，不仅是宗白华的美学思考与追问，也是他人生践履中一以贯之的行为准则。宗白华生命的鲜明特质，就是他始终对自然宇宙、世界万象保持审美的眼光。这种对大千世界的美与爱，深刻影响了他对自我"生命情调"的把捉和创现。宗白华少年时期就醉心于自然，常常在山水自然中欣赏陶醉、流连忘返。他回忆自己小时候发乎自心地酷爱山水自然。他时常坐在水边的石头上，远眺天边白云的流荡变幻，

---

[1] 金雅：《宗白华的"艺术人生观"及其生命诗情》，《艺术百家》2015年第6期。

心中升腾起无限畅想。敏感多情的内心，极易被自然景象的细微之处拂动，于是一种情思在心底蔓延开来。"一种罗曼蒂克的遥远的情思引着我在森林里，落日的晚霞里，远寺的钟声里有所追寻，一种无名的隔世的相思，鼓荡着一股心神不安的情调；尤其是在夜里，独自睡在床上，顶爱听那远远的箫笛声，那时心中有一缕说不出的深切的凄凉的感觉，和说不出的幸福的感觉结合在一起。"[1] 在德国留学期间，宗白华一方面积极学习西方先进的文化知识，一方面积极投身艺术的欣赏和创作。这段时期，他和徐悲鸿往来密切，两人经常一起讨论绘画，互相感受到灵感的启发。他还经常去艺术馆、博物馆欣赏浏览，卢浮宫、罗丹博物馆、歌德故居、施塔德尔博物馆，都留下了自己的审美足迹。五四后的新诗革命，宗白华也颇为关注，尤其是冰心的小诗，他受其启迪，创作了脍炙人口的"流云小诗"。宗白华内心常有一股缱绻柔情萦绕，他坦言自己经常"被一种创造的情调占有着"[2]。宗白华的"生命情调"，他的艺术活动、生命实践、审美践履，既来自他对世界的体味和感悟，也源自他自身深沉强健的生命动力。

（二）宏阔深致的众生情怀

宗白华不仅倡导生命自由舒逸、诗性洋溢的超世精神，

---

[1] 宗白华:《我和诗》，载金雅主编《宗白华哲诗人生论美学文萃》，中国文联出版社 2017 年版，第 219 页。
[2] 宗白华:《我和诗》，载金雅主编《宗白华哲诗人生论美学文萃》，中国文联出版社 2017 年版，第 223 页。

同时也以温暖清明的入世态度观照客观世界中的万千生命及其境遇，这使得他的"生命情调"流溢着宏阔深致的众生情怀。宗白华从不局限在个体自我精神的修养上，而始终将自我的情感、情绪、精神乃至生命，与外在自然、世界、宇宙相回荡，予情于众生，以宏阔深致的众生情怀来把握体悟自我生命与宇宙生命的春意流动、诗意共振。

宗白华"叩问'小己'和'宇宙'的关系，探研'小我'和'人类'情绪颤动的协和整饬"[1]。他将生命情调的思考，引入对社会、众生、人类生存的反思，关注现实众生如何安放生命、创化生命、提升生命，而实现世界的幸福和谐。20世纪上半叶，中国先进青年都在积极思考如何改变中国落后陈旧的面貌，如何建立起一个崭新的、光明的新中国。宗白华同样并非停留在对学问机械静止的"玄谈"上，而是积极构建个体人生、生命与外在社会、世界的关联，关注"生命情调"如何在更广阔的空间的作用与创化。宗白华特别强调超世与入世的统一。他以为创化"生命情调"不仅要追求自由超逸的生命诗性，也必要胸怀众生，予情万物，进而创造社会之福祉、世界之和谐。宗白华指出，超世入世者非遁世寂灭，非狂热激进，而是将可与不可、为与不为于人生中统一圆融。超世入世者，能解救众生于苦难，谋求世界之福祉，然而又知一切"罪福皆空"，

---

[1] 金雅：《人生论美学与中华美学精神——以中国现代四位美学家为例》，《中国文艺评论》2017年第9期。

不执目的，功成不色喜，事败不丧志，是"大勇猛""大无畏"者。宗白华倡扬超然洒落、不迷不执，然而又能胸怀深情、心系众生的艺术化、审美化襟怀。他认为，这种既自由洒落，又胸怀辽阔的超世入世人生观，最适合作为中国青年的指引。他特别指出，艺术人生观是"超小己的"，不仅"可以替社会提倡艺术的教育和艺术的创造"，而且可以"高尚社会人民的人格"。[1]他希望，中国青年都能够真正实现自由和谐的诗性人格与审美人生，以审美、艺术、人生的贯通，积极创造的意志，建立新的"生命情调"，确立诗意超逸、自由洒脱的艺术人生观，最终实现整个社会的和谐创造、活力发展。

众生情怀的基础，是个体生命对宇宙众生之"同情"。宗白华的理论文字，非常重视"同情"的地位与作用。宗白华认为，"同情"是"小己解放的第一步"，是"社会协作的原动力"，在审美的、艺术的生活的创化中，具有根本意义。"同情"不仅是以审美心胸来体味世界万物万象，从而夯实自我"生命情调"的涵养，而且能够将自我与世界弦音同奏，与人类情绪同感和鸣，以"小我"入"大我"，觉人我之平等，"以他人之喜为喜，以他人之悲为悲"，进而唤起"为人生向上发展计，为社会幸福进化计"

---

[1] 宗白华：《青年烦闷的解救法》，载金雅主编，王德胜选编《中国现代美学名家文丛·宗白华卷》，中国文联出版社2017年版，第29页。

的意识。[1] 宗白华以为,"生命情调"既须向高远,又须至深沉。生命情调迈向宏阔深致,则须以自我的深刻情感与宇宙生命同情共感,在发觉自我与世界的万物一体中,涵化众生。这种众生情怀,是对宇宙造化的拈花微笑,是对万千生命的珍重呵护,是对美好世界的点亮创造。由情而入世,不同于由知而入世,不同于由意而入世,它既不执着于理性驱动,也不拘于道德救赎,而是以人性深处最自然、最温柔、最坚定之处所释放出的暖意和诗情,牵引起生命的挚爱与万物的同情,唤起创造和谐美好世界的自由意志,在物我相谐、众生一体中体悟、创化、涵成最美好且最真实的"生命情调"。

秉众生情怀,处时代乱世,宗白华对人性和文明做出了深沉的反思。他指出,近代文明趋于物质化、理智化、庸俗化、浅薄化,人类遭遇欲望的扩张,生活时时牢牢被各种目的支配,人性失落于"过分的聪明与过多的'目的'重担之下"[2],导致近代人格理性的过分发展,感性的情绪、情感被丢弃,这也导致社会大众高度机械化,个性人格雷同化、单一化,由此放逐了"同情",远离了"慈爱",最终束缚在个体的私欲里,走向自我毁灭的歧途。宗白华对比中西文明,指出西方人倾向用推理演绎来考察把握宇宙

---

[1] 参见宗白华《艺术生活——艺术生活与同情》,载金雅主编,王德胜选编《中国现代美学名家文丛·宗白华卷》,中国文联出版社2017年版,第192页。
[2] 宗白华:《席勒的人文思想》,载金雅主编,王德胜选编《中国现代美学名家文丛·宗白华卷》,中国文联出版社2017年版,第75页。

规律，因此掌握的是"科学权力的秘密"；中国人以"默而识之"的观照态度，体验宇宙生生不息的节奏韵律，因此掌握的是"旋律的秘密"。"旋律的秘密"，宗白华意指一种本体意义上的宇宙"（生命）情调"。他认为，中国的礼与乐、日用器皿、文学艺术，都凝结着中国人对宇宙旋律秘密的体味与解悟，形上之道（"生命的旋律"）与形下之器融合，宇宙的和谐、旋律与社会的秩序、整饬相得益彰，在这种物我相合、万象共舞的景象中，中华民族也以"和平的音乐的心境爱护现实，美化现实"[1]，中华文化的智慧本"是深潜入于自然的核心而体验之，冥合之，发扬而为普遍的爱"[2]。宗白华叹惋，中华文化也由于这种深层的艺术心境而轻视科学，陷入受人侵略欺辱的境地。他感叹，中华"文化的美丽精神也不能长保了，灵魂里粗野了，卑鄙了，怯懦了，我们也现实得不近情理了"[3]。因此，宗白华痛心疾首地叩问："中国文化的美丽精神往哪里去？""中国精神应该往哪用去？""西洋精神又要往哪里去？"[4]

1　宗白华：《中国文化的美丽精神往哪里去？》，载金雅主编，王德胜选编《中国现代美学名家文丛·宗白华卷》，中国文联出版社 2017 年版，第 81 页。
2　宗白华：《〈纪念泰戈尔〉等编辑后语》，载《宗白华全集》第二卷，安徽教育出版社 2008 年版，第 296 页。
3　宗白华：《中国文化的美丽精神往哪里去？》，载金雅主编，王德胜选编《中国现代美学名家文丛·宗白华卷》，中国文联出版社 2017 年版，第 81 页。
4　宗白华：《中国文化的美丽精神往哪里去？》，载金雅主编，王德胜选编《中国现代美学名家文丛·宗白华卷》，中国文联出版社 2017 年版，第 81、82 页。

三、"情调"与情韵人格

宗白华认为,"情调"在具体生命中的呈现,在于一个自由的、独立的、丰富的情韵人格。他始终关注的是,如何塑造一个具有"(生命)情调"的审美新人格。从 20 世纪 20 年代提出建立"小己新人格"到 20 世纪 40 年代阐发晋人人格审美风韵,宗白华始终把握住人格涵育的审美向度和诗性原则,掘发人格情韵之深致,提领"(生命)情调"在审美人格维度的攀升,以通向至美至真至善的彰显"(生命)情调"的艺术化人格和艺术式人生。

(一)"无所为而为"的创造精神

在宗白华看来,创造洋溢"(生命)情调"的情韵人格,首先具备的就应该是"无所为而为"的创造精神。"无所为而为"的创造精神,就是对待任何事情采取超越功利的态度,除去利害关系的考量。

宗白华认为,真正超然的人,能够实现无可与无不可的统一、无为与无不为的统一,不因功成而色喜,不因事败而丧志,他们的行为既不执着于目的,也不执守物我利害,秉持"无所为而为"的创造精神,超世而入世,既有心灵飘逸的拈花微笑,又有心系众生的一往情深。这样的人,是"大勇猛""大无畏"的人。宗白华进一步阐发"无所为而为"的创造精神,实质上就是自由的、愉悦的、游戏式的精神。宗白华在继承中国传统老庄及佛学思想的基础上,吸收西方近代美学中的审美无利害思想和自由、游戏理念。他认为,情韵人格的创化,必要具备审美的精神,在生命创造中抛除功利主义，生活不为目的所支配，而成道德与事功、人格与事业的一体化追求。"刚健清明、心物和谐，既成就了美的事业，也成就了美的人格与心灵。"[1] 人格涵育、事业创进、生命存化，一切都是通畅流利、自在自为的，不仅都是心灵自由的表现，同时又增进人格心灵的滋养。宗白华以为，"无所为而为"的创造精神之创化，就是化"目的"为"游戏"，是将"种种'目的'收归自心兴趣以内的'游戏'"。[2] 在"游戏"的去功利尺度下，生命创造方可举重若轻，行所无惧，一切事业成就于"美"之中，人生也不丧失中心与和谐。

宗白华特别欣赏晋人的人格情韵。他认为："近代哲学上所谓'生命情调''宇宙意识'，遂在晋人这超脱的胸襟里萌芽起来。"[3] 在晋人身上，宗白华看到了洋溢着的"无所为而为"的精神姿态。这种精神姿态，表现为晋人对世俗功利观念的超脱、对礼法的超脱。晋人直接聚焦人格个性之美，尊重人格的个性价值，形成了独具品格的"人物品藻"之美。"无所为而为"的精神姿态，赋予晋人"事外有远致"的人格神韵，滋涵出一种不沾滞于物事的淡然胸怀、超逸品性，"扩而大之可以使人超然于死生祸福之外，发挥

---

[1] 金雅：《人生艺术化与当代生活》，商务印书馆 2013 年版，第 127 页。
[2] 宗白华：《席勒的人文思想》，载金雅主编，王德胜选编《中国现代美学名家文丛·宗白华卷》，中国文联出版社 2017 年版，第 75 页。
[3] 宗白华：《论〈世说新语〉和晋人的美》，载金雅主编，王德胜选编《中国现代美学名家文丛·宗白华卷》，中国文联出版社 2017 年版，第 245—246 页。

出一种镇定的大无畏的精神来"[1]。宗白华认为，晋人是以自由的人格心灵超越功利束缚，在不滞于物、不困于心的刚健清明中，涵养自由飘逸、"无所为而为"的情韵人格，也彰显出晋人超然洒落、高远阔朗的生命情调。

（二）充实而灵动的心灵诗意

情韵人格的创造还需要涵养充实而灵动的心灵诗意。宗白华认为艺术精神的二元是充实与空灵，他也主张将这种律动而和谐的艺术精神贯通至生命、人生、人格之中。艺术境界的广大、深邃、充实、空灵、律动，同样是审美人格、诗意人生的呈现形态。

宗白华以为，心灵的诗意是充实饱满的生命灵动。心灵的充实是胸纳宇宙气象、自然万象，由此而生发的经验感悟、浓挚情感，是"精力弥满而赋情独深"，"'充实'的人生通向一种深沉的人生情调与宇宙情调，是艺术心灵所能达到的最高境界"。[2] 他特别强调，心灵的充实不是静滞，而是饱满的灵动。他指出，中国哲学和艺术的最本质表现就是"动"，"中国哲学如《易经》以'动'说明宇宙人生（天行健，君子以自强不息），正与中国艺术精神相表里"[3]。洋溢生命情调的情韵人格，须在生命的"动"中

---

[1] 宗白华：《论〈世说新语〉和晋人的美》，载金雅主编，王德胜选编《中国现代美学名家文丛·宗白华卷》，中国文联出版社 2017 年版，第 247 页。

[2] 金雅等：《中国现代人生论美学引论》，中国社会科学出版社 2020 年版，第 200 页。

[3] 宗白华：《论中西画法的渊源与基础》，载金雅主编，王德胜选编《中国现代美学名家文丛·宗白华卷》，中国文联出版社 2017 年版，第 324 页。

才能实现，他说："我们做人的责任，就是发展我们健全的人格，再创造向上的新人格，永进不息，向着'超人'（ueermensch[1]）的境界做去。"[2] 宗白华反复阐述，人格创造的核心本质就是生命之"动"。"动"是人生创化的本质形态，因本体的生命之"动"而有人格的建立、发展、涵育；"动"也将人格推向宇宙造化之中，以自我人格之创造，入大千世界进化之潮流。同时，"动"也表明情韵人格的创造只有通过具体的、现实的实践才能落实，失去实践的支持，"动"也无法彰显。不空寂，不停滞，在生命的充实中跃进，满而不溢，律动和谐，这是宗白华情韵人格之心灵诗意的基本美质。

宗白华赞赏晋人，认为他们在山水自然之美中，实现了充实与灵动的和谐。晋人在山水自然中淘澄心灵，体悟玄妙，不仅能在山水自然中涵成一片虚灵的胸襟，同时又能在宇宙造化中领会形而上的玄意，"由实入虚，即实即虚"，在心灵的充实与空灵之间，追求生命的活力跃动，探寻人格心灵的情韵张力，创现至高至美的生命灵境。所以宗白华说，情韵人格的创造，既以心灵映射万象，又追求泊然淡远；既保持内心的空灵自性，又涵养胸中的充实饱满；既有入世的博大深沉，又有超世的悠然玄远。这种情

---

[1] 应为 Übermensch。
[2] 宗白华：《中国青年的奋斗生活与创造生活》，载金雅主编，王德胜选编《中国现代美学名家文丛·宗白华卷》，中国文联出版社2017年版，第21页。

韵人格，就是在虚实相谐、出入自由、充实灵动中，达成生命的诗意与情调。

宗白华自己也倾心追求于兹。17岁时，宗白华来到青岛，面对一望无垠、水天一色的大海，他的心亦如大海一般辽阔而澎湃。他坦言在青岛期间没有读过一首诗，没有写过一首诗，却是他"生命里最富于诗境的一段"[1]。宗白华一面热烈拥抱自然而追求灵魂的充实丰满，一面悉心体味生命而找寻心灵的诗意灵境。这种充实而灵动的生命体验，滋养沉淀于宗白华的生命轨迹，成为他贯彻一生的趣姿映现。

（三）一往情深的至性襟怀

生命情调的涵育、心灵诗意的滋养，离不开情感的因子。宗白华的文字，饱含着浓情、挚情、深情。他将艺术、宇宙的根底，视为极深处、极浓烈、无法抑制、节奏和谐、充满活力的情绪，赋予创化情韵人格以一往情深的至性襟怀。

在宗白华挚爱的歌德与晋人人格中，对万事万物的深沉情感，是他们人格中鲜明的精神彰显。宗白华指出，歌德的人格带给近代人生一种"新的生命情绪"，这种生命情绪从本体意义层面激扬情感，对生命中的一切，包括矛盾冲突、痛苦挣扎都投入无比浓烈的情感，这种深情使得自

---

[1] 宗白华:《我和诗》，载金雅主编《宗白华哲诗人生论美学文萃》，中国文联出版社2017年版，第219页。

我生命不断跃动，又与宇宙生命情投意合，从而将小我扩张为大我，投身世界，与万物融为一体。宗白华还从晋人对待山水自然、他人人格、宇宙生命的态度上，体察出他们的至情至性。"晋人向外发现了自然，向内发现了自己的深情。"[1] 晋人虽超逸，但未忘情，反而情有所钟，一往情深。不仅寄情于自然，发掘山水之美，而且予情于生命，深契人物之风神。这种深情至性的审美人格，能对宇宙人生的最深处领会到一种难以言状的哀伤情绪，这种情绪扩大提升，就是圣人般的悲天悯人，能同情于万物，博爱于一切宇宙生命，在万物一体中追求生命的至性灵境。宗白华强调，浅俗薄情的人是无法体会这种"深哀"之情的，他们所体验的快乐也是虚假的、浅薄的。正是由于这一"伟大同情心"，晋人坚守着自己的真性情，以狂狷来反抗乡愿的社会，对抗礼教对性灵的桎梏，鄙薄士大夫阶层的庸俗，他们不愿屈服于权威，不愿向虚伪顽固的礼教妥协，也不愿自己的人格流于庸俗，他们秉持"责己精神"，给予生命博大的宽纳胸怀。"性情的直率"和"胸襟的宽仁"建立了晋人的新生命精神，因此在宗白华看来，深情至性的情韵人格，是绽放生命情调、挥洒生命诗性的至要。

宗白华一生，不仅对自然山水无比热爱，对爱人、朋友亦富深情。他年少时与表妹相恋，稚嫩的爱恋没有为时

---

[1] 宗白华：《论〈世说新语〉和晋人的美》，载金雅主编，王德胜选编《中国现代美学名家文丛·宗白华卷》，中国文联出版社 2017 年版，第 245 页。

间的流逝和空间的距离所隔断。留德期间，他心中常念远在家乡的表妹，将自己的情思化为一首首感人至深的"流云小诗"，在文字中倾吐对爱人的回忆与思念。学成归国，宗白华立即与表妹结婚，从此他们相濡以沫，白头偕老。宗白华的爱情相较于民国时期其他文人似乎显得平淡，但正是这种宁静绵远的细水长流，恰显宗白华一往情深的人格秉性。宗白华与郭沫若因诗结缘，并携田汉共同开启了三人间跨过大洋的深厚友情。其时，宗白华在上海，郭沫若、田汉在日本留学，1920年1月至3月，三人间的跨国信件一封接一封，共同探讨对文学艺术的看法见解，倾吐年轻人的情感与困惑，构想未来的人生方向。这些信件，后来结集出版，即负有盛名的《三叶集》。《三叶集》凝结了他们如火般炽热、如水晶般莹彻的情谊。宗白华晚年曾说，自己每次翻阅《三叶集》，回想起那段岁月往事，都忍不住热泪满面。

宗白华是至情至性的信奉者、倡导者，同时也是践行者。他对生命情调和情韵人格的构想，"不是单一，而是充实，是流动而和谐、丰富而和谐、冲突而和谐，既至动又有韵律，既入世雄强又超世旷达，通于宇宙大道，合于宇宙秩序，既是一种理想的人格，也是一种艺术的人格"[1]。

宗白华的"情调"，是在生命的至动和谐、艺术的至深

---

[1] 金雅：《宗白华的"艺术人生观"及其生命诗情》，《艺术百家》2015年第6期。

律动中，把捉本真的宇宙韵律；是在自由超逸的生命诗性、宏阔深致的众生情怀中，追求人格的超世入世；是在"无所为而为"的自由创造、充实而灵动的生命诗意、一往情深的至性襟怀中，滋养至美至善至真的情韵人格。

宗白华的"情调"及其趣姿，对于当下快节奏、泛娱乐、重功利的时代，如何以审美对抗庸俗、以诗意超拔虚浮，有着独特的现实意义和引人深省的启益。

丰子恺的"真率"

丰子恺（1898—1975），中国现代漫画家、散文家、翻译家、教育家，同时也是中国现代极具真率品性的美学家。日本学者吉川幸次郎曾评价，丰子恺是中国现代最像艺术家的艺术家，并非因为他多才多艺，而是由于他身上特殊的"真率"气质。丰子恺的"真率"，不仅表现于他在作品中表现的自然天真、活泼趣味的艺术风格，同时呈现于他对审美人格及艺术生命的真诚率性、美好和谐的追求和创现。丰子恺的"真率"，主要由"童心""绝缘""同情"来勾连，"童心"乃其本，"绝缘"是其径，"同情"为其要，彰显了其在艺术追求和人生践履中对"真率"品格与"真率"精神的追求与创化。丰子恺非常强调美育的价值与意义，他身体力行，倡扬"真率"之趣，引领大众生活和生命的美意丰盈。

一、"童心"："真率"之本

"童心"不仅是丰子恺理论文字中的重要范畴，也是他创作中非常关注的趣意表达,同时是他审美人生践行中追求的精神趣味。"童心",正是丰子恺的一个标识。

何为"童心"?丰子恺指出,"童心"就是不经"世间的造作"的纯洁无瑕、"天真烂漫的真心"[1]。在丰子恺这里,"童心"是与"大人化"相对抗的,"童心"真率、自然、热情,是人生最有价值、最高贵的心。丰子恺极力主张通过审美、艺术活动来保持和涵养可贵的"童心",追寻美的趣味,引生活入艺术,融艺术于人生,去创现"真率"人生的趣味与美好。

(一)艺术化、审美化的心灵

在关于儿童教育的文章中,丰子恺具体提出了"童心"的范畴,并将"童心"与"绝缘"勾连起来。丰子恺指出,"绝缘,就是对一种事物的时候,解除事物在世间的一切关系、因果,而孤零地观看","这种态度,与艺术的态度是一致的"。而"童心",在孩子就是"本来具有的心","在大人就是一种'趣味'"。"童心"的要点就是以"绝缘"的眼真率地看世界,就是一种"以趣味为本位"的艺术化生活态度。而艺术教育"就是教人这种做人的态度","就是教人学做小孩子"。[2] 值得注意的是,丰子恺的"童心"并不是我们日常生活中所说的小孩子的心,而是指以趣味涵养过的艺术化的心。我们一般所说的童心,只是未谙世事

---

[1] 丰子恺:《告母性》,载《丰子恺文集·1》,浙江文艺出版社、浙江教育出版社1990年版,第79页。
[2] 丰子恺:《童心的培养》,载金雅主编,余连祥选编《中国现代美学名家文丛·丰子恺卷》,中国文联出版社2017年版,第32—38页。

的孩童本然之心，而丰氏的"童心"显然远高于这个境界，是较高形态的人类心灵范式了。涵养"童心"，就是倡导美与爱，倡导天真与热诚，倡导"绝缘"与"同情"，由此而通向美的"真率"艺术和"真率"的艺术化人生。[1]

在丰子恺的话语体系中，"童心"就是"艺术的心""艺术的精神"的代名词。丰子恺主张"从小教以艺术的趣味"，主张通过艺术来洗刷成人久居物质生活的"心的尘翳"。[2] 丰子恺说："俗人的眼沉淀在这尘世的里巷市井之间，而艺术则高超于尘世之表"；艺术能提人之"神于太虚"，它让艺术家拥有一个"'全新的'头脑，毫无一点世间的陈见"；让艺术家拥有一双"'洁净'的眼，毫无一点世智的尘埃"；故艺术家所见的就是"一片全不知名，全无实用，而又庄严灿烂的东土"，艺术家所创造出的世界就是"一个全新的世界，美的世界，无为的世界，无用的世界"。[3] 丰子恺坚持艺术的精神高于艺术的技巧，因此，对于真正的艺术家来说，有无吟诗作画并不是标志，关键是能否体得"艺术的精神"，并把这"艺术的精神"涵融于广阔的生活之中。如果做到了以上两点，那么他的生活就成为"大艺术"，而"文艺小技的能不能，在大人格上是毫不

---

[1] 参见金雅《人生艺术化与当代生活》，南京大学出版社 2023 年版，第 77 页。
[2] 丰子恺：《告母性》，载《丰子恺文集·1》，浙江文艺出版社、浙江教育出版社 1990 年版，第 80 页。
[3] 丰子恺：《西洋画的看法》，载金雅主编，余连祥选编《中国现代美学名家文丛·丰子恺卷》，中国文联出版社 2017 年版，第 186 页。

足道的"[1]。

"儿童的本质是艺术的。"[2] 丰子恺倡导"童心",并不是要人真的回到生理意义上的孩童状态。丰子恺以"童心"指称理想意义上的人类心灵状态,他认为拥有"童心"的人也拥有美的"大人格"。丰子恺笔下的"儿童"一词,是一个与"顽童""小人"具有明确不同所指的概念。"顽童"是"非艺术"的,他们缺乏"艺术的同情心"和"艺术家的博爱心",一味地"无端破坏"和"无端虐杀"。但是,"顽童"不是不可教的,"顽童"可以通过艺术和审美的熏陶来逐渐涵养艺术的心灵,通过艺术教育来再造美的"童心"。丰子恺最憎恶的,就是"小人"。在丰子恺看来,"顽童"尚存一丝天真,只不过他那颗爱美体美的"童心"暂时蒙垢,尚未激活。而"小人"则完全失却了天真,是虚伪化、冷酷化、实利化的,其内涵包括了顺从、屈服、消沉、诈伪、险恶、卑怯、傲慢、浅薄、残忍等。"顽童"是少不更事。"小人"则自甘沉沦。"小人"在成人的过程中,"或者为各种'欲'所迷,或者为'物质'的困难所压迫"[3],渐渐"钻进这世网而信守奉行","至死不能脱身",

---

[1] 丰子恺:《我与弘一法师》,载金雅主编,余连祥选编《中国现代美学名家文丛·丰子恺卷》,中国文联出版社2017年版,第31页。

[2] 丰子恺:《美与同情》,载金雅主编,余连祥选编《中国现代美学名家文丛·丰子恺卷》,中国文联出版社2017年版,第12页。

[3] 丰子恺:《童心的培养》,载金雅主编,余连祥选编《中国现代美学名家文丛·丰子恺卷》,中国文联出版社2017年版,第36页。

"是很可怜的、奴隶的"[1]。对"顽童",丰子恺是"惜"之;对"小人",丰子恺则是"憎"之了。"小人"是丰子恺所不齿的。在丰子恺看来,"小人"也是与艺术精神完全相悖离的。

丰子恺把艺术家称为"大儿童"。"大儿童"乃以艺术之精神抵御为欲所驱的社会环境和文化压力,而葆有"艺术化"的"童心"之质。因此,艺术家这个"大儿童"比起本来意义上的小孩子来说,显然要具有更高的修养、品格与境界。丰子恺提出"最伟大的艺术家"就是"胸怀芬芳悱恻,以全人类为心的大人格者"[2],是"真艺术家"。"真艺术家"即使不画一笔,不吟一字,不唱一句,其人生也早已是伟大的艺术品,他们的生活也比有名的艺术家的生活更艺术。

(二)趣味的发现与涵养

丰子恺对儿童的礼赞和热爱,远远超出了单纯的喜好。他对"童心"和"趣味"的守护,成为一种理想艺术和人格重塑的追求。他说:"童心,在大人就是一种'趣味'。培养童心,就是涵养趣味。"[3]丰子恺感怀在石门湾的青葱岁月,将对逝去童年的怀念和对孩子们的爱意诉诸笔下,生

---

[1] 丰子恺:《告母性》,载《丰子恺文集·1》,浙江文艺出版社、浙江教育出版社1990年版,第77页。
[2] 丰子恺:《桂林艺术讲话之一》,载金雅主编,余连祥选编《中国现代美学名家文丛·丰子恺卷》,中国文联出版社2017年版,第44页。
[3] 丰子恺:《童心的培养》,载金雅主编,余连祥选编《中国现代美学名家文丛·丰子恺卷》,中国文联出版社2017年版,第37页。

动呈现了儿童的趣味世界。他在《子恺画集》代序中写道:"我的孩子们!憧憬于你们的生活的我,痴心要为你们永远挽留这黄金时代在这册子里。然这真不过像'蜘蛛网落花'略微保留一点春的痕迹而已。且到你们懂得我这片心情的时候,你们早已不是这样的人,我的画在世间已无可印证了!这是何等可悲哀的事啊!"[1]丰子恺认为,幼小的孩童慢慢长大,逐渐变为成人世界中的一员,其纯真的童心将会蒙垢消殒,为此他的心中升腾着悲凉感慨,他也愈益推崇和珍视"童心"的可贵。

　　丰子恺说,用孩童纯净的眼光、同情的心目去领略世事变幻,在忙乱紧促的生活中,努力保持生活的滋味和趣味,是成人慰藉心灵的良药。他写道:"圣书中说:你们不像小孩子,便不得进入天国。小孩子真是人生的黄金时代!我们的黄金时代虽然已经过去,但我们可以因了艺术的修养而重新面见这幸福,仁爱,而和平的世界。"[2]艺术的世界是理想化的世界,可以超越有限的现实之境。因为在艺术的园地里,人们可以尽情自由地搭建心中理想的王国。丰子恺将艺术的修养视为抵达幸福和平世界的重要方式。尽管主张通过艺术的修行超越现实生活的有限性,建构自由有爱的艺术王国,是丰子恺一生的艺术实践理想。但是,

---

[1] 丰子恺:《给我的孩子们》,载《丰子恺文集·5》,浙江文艺出版社、浙江教育出版社1992年版,第256页。
[2] 丰子恺:《美与同情》,载金雅主编,余连祥选编《中国现代美学名家文丛·丰子恺卷》,中国文联出版社2017年版,第12—13页。

他终究不是一个浪漫的出世主义者,无论是他的艺术创作还是理论探讨,都未曾离开现世之生活。他的艺术世界是他生活世界的拓展和深化,他是通过艺术活动寻找和建构人生的理想。丰子恺的艺术活动和审美建构,围绕着人生问题而展开。他反复强调,培养"童心",在大人来说就是涵养"趣味",就是要从艺术的审美精神中汲取"真善美"的养分,以提升生活的美趣。八指头陀曾有诗曰:"吾爱童子身,莲花不染尘。骂之惟解笑,打亦不生嗔。对镜心常定,逢人语自新。堪嗟年既长,物欲蔽天真。"[1] 八指头陀对儿童纯净、超然、宽厚、笃定之天性的赞赏,让丰子恺心生共鸣,带给他无限的欢喜。

丰子恺以"童心"入世,发现和表现出无数"趣味"的美好瞬间。"童心"和"趣味",是他始终坚守的对待人生的方式和态度。他说自己"欢喜读与人生根本问题相关的书,欢喜谈与人生根本问题有关的话,可说是我的一种习性。我从小不欢喜科学而欢喜文艺。为的是我所见的科学书,所谈的大都是科学的枝末问题,离人生根本很远;而我所见的文艺书,即使最普通的《唐诗三百首》《白香词谱》等,也处处含有接触人生根本而耐人回味的字句"[2]。与人生之根本相关,富有趣味,在艺术中用情地体悟生活的

---

[1] 〔清〕释敬安:《童子》,载梅季点辑《八指头陀诗文集》,岳麓书社1984年版,第40页。
[2] 丰子恺:《谈自己的画》,载金雅主编,余连祥选编《中国现代美学名家文丛·丰子恺卷》,中国文联出版社2017年版,第402页。

滋味，积极描摹传达自己所理解的"趣味"，展现对生活和人生境界的理想追求，正是丰子恺"真率"人生的艺术实践和美学主张。丰子恺对"趣味"的趣好，正是"追求在真实的生活中，以平凡普通的姿态丰富、提升、体味无穷之真趣。因此，丰子恺总是贴近芸芸众生，满含人间烟火，他的艺术生活与他的世俗生活浑然一体，难分彼此"[1]。

二、"绝缘"："真率"之径

在丰子恺看来，关注事物本身，剔除一切功利之关系，是靠近和发现美的重要路径。基于此，他提出了审美的"绝缘说"。"所谓'绝缘'，就是对一种事物的时候，解除事物在世间的一切关系、因果，而孤零地观看。使其事物之对于外物，像不良导体的玻璃的对于电流，断绝关系，所以名为绝缘。绝缘的时候，所看见的是孤独、纯粹的事物的本体的'相'。"[2] "绝缘"是丰子恺审美观照的独特方法，是他通往艺术与美的胜境的关键路径，也是他通向自己追求的"真率"精神的关键路径。

（一）事物本相的观照态度

所谓"绝缘"，就是在面对外在事物时，解脱一切关系、因果的束缚，只看事物最真实、最原本、最纯粹的本相。丰子恺认为，绝缘是把握事物本相的基本前提。"把事

---

[1] 金雅：《人生艺术化与当代生活》，南京大学出版社2023年版，第93页。
[2] 丰子恺：《童心的培养》，载金雅主编，余连祥选编《中国现代美学名家文丛·丰子恺卷》，中国文联出版社2017年版，第33—34页。

物绝缘之后，其对世间、对我的关系切断了。事物所表示的是其独立的状态，我所见的是这事物的自己的相。"丰子恺举例说："一块洋钱，绝缘地看来，是浑圆的一块浮雕，这正是洋钱的真相。"而"它可以换几升米，换十二角钱，它可以致富，它是银制的，它是我所有的"，这些"都是洋钱的关系物"，"是它本身以外的东西，不是它自己"。[1]但"人生都为生活，洋钱是可以维持生活的最重要的物质的一面的，因此人就视洋钱为间接的生命。孜孜为利的商人，世间的大多数的人，每天的奔走、奋斗，都是只为洋钱。要洋钱是为要生命。但要生命是为要什么，他们就不想了"。于是，人们"没头于洋钱，萦心于洋钱，所以讲起或见了洋钱，就强烈地感动他们的心，立刻在他们心头唤起洋钱的一切关系物——生命、生活、衣、食、住、幸福……这样一来，洋钱的本身就被压抑在这等重大关系物之下，使人没有余暇顾及了。无论洋钱的铸造何等美，雕刻何等上品，但在他们的心中只是奋斗竞逐的对象，拼命的冤家，或作福作威的手段。有注意洋钱钞票的花纹式样的，只为防铜洋钱、假钞票，是戒备的、审查的态度，不是欣赏的态度"。[2]而在绝缘的眼光下，洋钱就是"独立的存在的洋钱"，是"无用的洋钱"，而"不是作为事物的代

---

[1] 丰子恺：《童心的培养》，载金雅主编，余连祥选编《中国现代美学名家文丛·丰子恺卷》，中国文联出版社2017年版，第35页。
[2] 丰子恺：《童心的培养》，载金雅主编，余连祥选编《中国现代美学名家文丛·丰子恺卷》，中国文联出版社2017年版，第34页。

价、贫富的标准的洋钱"。在绝缘的眼看来，洋钱是"与山水草木花卉虫鸟一样的自然界的现象，与绘画雕刻一样的艺术品"。[1] 这就是欣赏的态度，所见的就是"真的'洋钱'"，就是"我们瞬间所见的浑圆的一块浮雕"[2]，这就是洋钱的本相。

"缘"字本身，集中于一种关系的考量，它是佛家言说人事关联的一种重要方式，原始佛教注重"缘起说"，在此基础上，进一步延伸出"因果相联相续""因缘和合而生"等思想。从内在所指来看，佛教借助"缘"字，意在揭示事物之间微妙而相因相续的关系。丰子恺谈"缘"，所要强调的是"无利害""无功利"的审美观看方式。丰子恺在谈论艺术和美的文字里，时常会强调心广则眼自明净的言说方式，和他以上的主张是一致的。这是他在极力探求自然、艺术之美的过程中所得的，蕴含着深刻的审美发现和生命体悟。在《中国美术的优胜》一文中，丰子恺指出，"美的态度"即"'纯观照'的态度"；"'纯观照'的态度"即"在对象中发见生命的态度"；"在对象中发见生命的态度"就是"沉潜于对象中的'主客合一'的境地"，即"'无我'，'物我一体'的境地，亦即'情感移入'的境

---

[1] 丰子恺:《童心的培养》，载金雅主编，余连祥选编《中国现代美学名家文丛·丰子恺卷》，中国文联出版社2017年版，第34页。
[2] 丰子恺:《童心的培养》，载金雅主编，余连祥选编《中国现代美学名家文丛·丰子恺卷》，中国文联出版社2017年版，第35页。

地"。[1] 同时他也指出,"所谓'感情移入',又称'移感',就是投入自己的感情于对象中,与对象融合,与对象共喜共悲,而暂入'无我'或'物我一体'的境地。这与康德所谓'无关心'(disinterestedness)意思大致相同。黎普思,服尔开忒(Volket)等皆竭力主张此说"[2]。由"无我"到"物我一体","绝缘"的宗旨在丰子恺这里最终指向了"同情"。"绝缘"并非人生的解脱,而是人生爱与美的一个阶梯。因此,丰子恺的"绝缘",是"以无功利为起点,以观照为路径,追求的是对真生命的体验,憧憬的是物我一体的同情的艺术世界和童心世界"[3]。

(二)用心用情的艺术态度

丰子恺认为,"绝缘"的态度"与艺术的态度是一致的"。它的前提是无用,它的诀窍是观照,它的结果是真生命的体验。他说:"画家描写一盆苹果的时候,决不生起苹果可吃或想吃的念头,只是观照苹果的绝缘的'相'。"而美术学校用裸体女子做模特儿,也"决不是像旧礼教维持者所非难地伤风败俗的",因为在画家的眼中,"模特儿是一个美的自然现象,不是一个有性的女子"。丰子恺以为,在艺术中,人所放下的是那个"现实的""理智的""因

---

[1] 丰子恺:《中国美术的优胜》,载金雅主编,余连祥选编《中国现代美学名家文丛·丰子恺卷》,中国文联出版社 2017 年版,第 171—172 页。
[2] 丰子恺:《中国美术的优胜》,载金雅主编,余连祥选编《中国现代美学名家文丛·丰子恺卷》,中国文联出版社 2017 年版,第 170 页。
[3] 金雅:《人生艺术化与当代生活》,南京大学出版社 2023 年版,第 85 页。

果的"世界，放下了生活中的"一切压迫与担负"，解除了"平日处世的苦心"，从而可以"作真的自己的生活，认识自己的奔放的生命"。[1]因此，"美秀的稻麦舒展在阳光之下，分明自有其生的使命，何尝是供人充饥的呢？玲珑而洁白的山羊点缀在青草地上，分明是好生好美的神的手迹，何尝是供人杀食的呢？草屋的烟囱里的青烟，自己表现着美丽的曲线，何尝是烧饭的偶然的结果？池塘里的楼台的倒影，原是助成这美丽的风景的，何尝是反映的物理的作用？"[2]丰子恺说，当你以"绝缘"的眼去观照世界时，它就是一片庄严灿烂的乐土。丰子恺赞同科学与艺术都能"阐明宇宙的真相"。因此，科学实验室里变成氢与氧分子的水是水，画家画布上波状的水的瞬间也是水。前者是"理智的""因果的"，后者是"直观的""慰安的"[3]。但丰子恺提出，真的推究起来，氢与氧分子只是水的关系物，而又何尝就是水呢？倒是画家描出的"波状的水的瞬间"，"确是'水'自己的'真相'了"。[4]因为这一瞬间的水，是有生命的独立的水。

---

[1] 丰子恺：《童心的培养》，载金雅主编，余连祥选编《中国现代美学名家文丛·丰子恺卷》，中国文联出版社2017年版，第35页。
[2] 丰子恺：《西洋画的看法》，载金雅主编，余连祥选编《中国现代美学名家文丛·丰子恺卷》，中国文联出版社2017年版，第186—187页。
[3] 丰子恺：《关于儿童教育》，载《丰子恺文集·2》，浙江文艺出版社、浙江教育出版社1990年版，第253页。
[4] 丰子恺：《关于儿童教育》，载《丰子恺文集·2》，浙江文艺出版社、浙江教育出版社1990年版，第253页。

丰子恺认为，艺术的态度也"就是小孩子的态度"。"用艺术鉴赏的态度来看画，就是请解除画中物对于世间的一切关系，而认识其物的本身的姿态。"[1] 在艺术活动中，主体自我没入在对象的美中，成"无我"的心状。丰子恺以为艺术态度的关键，就是无功利性与物我一体性，它是以无功利的态度把对象看作与自己一样的独立平等的生命体，而这正是"小孩子的态度"的特点。在丰子恺的作品里，充满了这类以"小孩子的态度"见出的可爱世界。《花生米老头子吃酒》《阿宝两只脚，凳子四只脚》《瞻瞻底车》等漫画，都淋漓尽致地展现了这种"绝缘"之眼和"童心"之世界，其中的无穷趣味与美好情致无法不让观画者怦然心动。"艺术是绝缘的（isolation），这绝缘便是美的境地。"[2] 当然，这美的境地也就是丰子恺推崇的爱的胜地了。

丰子恺的"绝缘"，既是排除了一切干扰的审美独立观审，又是用情用心的深情体察感知。丰子恺反复指出，以心为本，涵养内心，才是艺术创作之根本，而不完全是技巧之功夫，应以艺术活动滋养人的心灵和情感。他在择取个体的审美体验中，还提出了"至情""有情"的观看方式和美学范畴。在《颜面》中，他说："艺术家要在自然中看出生命，要在一草一木中发见自己，故必推广其同情心，

---

[1] 丰子恺：《西洋画的看法》，载金雅主编，余连祥选编《中国现代美学名家文丛·丰子恺卷》，中国文联出版社2017年版，第187页。
[2] 丰子恺：《艺术教育的原理》，载金雅主编，余连祥选编《中国现代美学名家文丛·丰子恺卷》，中国文联出版社2017年版，第22页。

普及于一切自然,有情化一切自然。"[1]他强调,"绝缘"和"有情化"的结合,才是培养审美的双眸与涵养艺术之心的重要途径。丰子恺的《颜面》一文,意在提醒世人,如若在日常生活中,加以艺术眼光的训练,将会发现事物表象之下不同的趣味。因为在"美的眼光"看来,自然界的一切物象都是充满生活活力的存在。"有情化"的双眸,根植于内心深情的自然显露,于人生,于艺术,都是对"至情之境"的润养与呵护。他认为,德技兼备之人,才是最伟大的艺术家,胜过毫无温情之人的无数作品,让人敬重和欣赏。

丰子恺主张,以"绝缘"的眼光和"有情"的内心观审世界,在共情的宇宙人生中寻觅和体验美。经历时世的动荡,丰子恺在中西融通和古今承创中,始终以最自然、最平和、最包容的"真率"之心,净化一切不平事、烦忧事。他以纯粹"真率"的善美之心,感怀宇宙人世,在敬善、求真、崇美的人生旅途中,从未停下脚步,孜孜勉行,一生尚美、向美。

三、"同情":"真率"之要

1930年,丰子恺发表了《美与同情》一文,提出并阐明了其"真率"美论的另一重要范畴——"同情"。他认为,艺术家具有深广的同情心,视世间一切生物无生物为平等的有灵魂的活物。"同情"是儿童的品格,也是艺术的品

---

[1] 丰子恺:《颜面》,载《丰子恺文集·5》,浙江文艺出版社、浙江教育出版社1992年版,第111页。

格。"同情"乃"绝缘"之宗旨,是借"绝缘"之眼、"移情"之径,而达万物一体、物我无间之境。"'美与同情'的眼光,是丰子恺联通审美、艺术、人生的重要桥梁。他的艺术创作正是基于宽广的审美世界与丰富的人生世相而展开的。"[1]

(一)物我一体的生命体验

"同情"首先是在对待物我关系时,自我感受到世间万物生命的活泼、生意、平等,从而所创现的真情融入、物我一体的生命体验。

丰子恺的"同情说",受到立普斯"移情"理论的影响。立普斯认为,"移情"是主体与对象完全融为一体,美感的产生不是由对象的美所决定的,而是由主观的美感所决定的。审美主体把自己的情感渗透到对象中,使毫无意义的对象人格化,由此获得了美感与美。立普斯的理论,揭示了主体情感移入、主客交融、对象人格化的美感生成三部曲。在立普斯,情感移入是美感发生的关键。丰子恺接受了"移情"的观念,但在他的"同情论"中,美感生成三部曲中,他更关注的是主客交融,即物我一体的生命体验。丰子恺这种以主客交融、物我一体为核心的审美"同情论",除了受到立普斯为代表的西方"移情"理论的影响外,也植根于中国传统文化的土壤。中国传统文化强

---

[1] 金雅等:《中国现代人生论美学引论》,中国社会科学出版社2020年版,第270页。

调"天人合一",强调主体对外物的体验及其交融。春山含笑,秋水溢情,山水皆有灵性,皆着我之色彩,实为中国传统哲学精神与艺术精神之重要特质。这种特质对于丰子恺有着深刻的濡染。丰子恺的"同情说"是中西文化的一种交融,既有西方移情论的心理学要素,又有中国主客交融的传统文化精神的诗意性。

丰子恺说:"艺术心理中有一种叫做'感情移入'(德名 Einfühluny[1],英名 empathy)。在中国画论中,即所谓'迁想妙得'。就是把我的心移入于对象中,视对象为与我同样的人。于是禽兽,草木,山川,自然现象,皆有情感,皆有生命。所以这看法称为'有情化',又称为'活物主义'。"[2] 这种"有情化"和"活物主义"的"移情",是丰子恺"同情论"的重要基础。在丰子恺这里,"同情"和"移情"是有区别的。"移情"是一种手段与方法,最后是要达至"同情"的境界。丰子恺以为达至"同情"的关键有二:首先,是物我关系的处理,其要旨是物我一体。"我们平常的生活的心,与艺术生活的心,其最大的异点,在于物我的关系上。平常生活中,视外物与我是对峙的。艺术生活中,视外物与我是一体的。对峙则视物与我有隔阂,我

---

[1] 应为 Einfühlung。
[2] 丰子恺:《艺术的效果》,载金雅主编《丰子恺真率人生论美学文萃》,中国文联出版社 2017 年版,第 30 页。

视物有等级。一体则物与我无隔阂,我视物皆平等。"[1] 物我关系的处理,是"同情"的必要前提。因为,万事万物若"用物我对峙的眼光看,皆为异类。用物我一体的眼光看,均是同群。故均能体恤人情,可以相见,相看,相送,甚至对饮"[2]。如此,对象就活了起来。"一切生物无生物,犬马花草,在美的世界中均是有灵魂而能泣能笑的活物了。"[3] 在这种"平等""一视同仁""物我一体"的境涯中,万物皆备于"我"的心中。其次,需要真情的萌动与移入,其要旨是真切的体验。以平等、一视同仁的态度融物我于一体,故能与"对象相共鸣共感,共悲共喜,共泣共笑"[4],这是一种深广的同情心,它来源于真切的体验,是将自己萌动的感情"移入于其中,没入于其中"[5]。丰子恺说:"诗人常常听见子规的啼血,秋虫的促织,看见桃花的笑东风,蝴蝶的送春归,用实用的头脑看来,这些都是诗人的疯话。其实我们倘能身入美的世界中","就能切实地感到这些情景了"。因为在画家,他是体得龙马的精神,才去画龙马;

---

[1] 丰子恺:《艺术的效果》,载金雅主编《丰子恺真率人生论美学文萃》,中国文联出版社 2017 年版,第 30 页。
[2] 丰子恺:《艺术的效果》,载金雅主编《丰子恺真率人生论美学文萃》,中国文联出版社 2017 年版,第 31 页。
[3] 丰子恺:《美与同情》,载金雅主编,余连祥选编《中国现代美学名家文丛·丰子恺卷》,中国文联出版社 2017 年版,第 11 页。
[4] 丰子恺:《美与同情》,载金雅主编,余连祥选编《中国现代美学名家文丛·丰子恺卷》,中国文联出版社 2017 年版,第 11 页。
[5] 丰子恺:《美与同情》,载金雅主编,余连祥选编《中国现代美学名家文丛·丰子恺卷》,中国文联出版社 2017 年版,第 12 页。

是体得松柏的劲秀,才去画松柏。若要描花瓶,"必其心移入于花瓶中,自己化作花瓶,体得花瓶的力,方能表现花瓶的精神"。故要描写朝阳,就必须让"我们的心要能与朝阳的光芒一同放射";要描写海波,就必须要"能与海波的曲线一同跳舞"。[1]这就是真切的体验,是生命与生命的交融。在真情融入、物我一体的生命体验中,"同情"是自然而必然的结果。

(二)万物一体的艺术境界

"同情"的最高旨趣,在于"万物一体"的艺术境界。丰子恺认为,"同情"是"艺术上最可贵的一种心境",[2]艺术家所见的世界,"可说是一视同仁的世界,平等的世界。艺术家的心,对于世间一切事物都给予热诚的同情"[3]。丰子恺以为,这种"同情"的世界观正是艺术精神的要点,而"'万物一体'是最高的艺术论"[4]。因此,丰子恺"所谈到的同情心不仅仅限于艺术活动中,而是关涉世人人心之所养,是为世道人心之守护涵养也"[5]。

---

[1] 丰子恺:《美与同情》,载金雅主编,余连祥选编《中国现代美学名家文丛·丰子恺卷》,中国文联出版社 2017 年版,第 11—12 页。
[2] 丰子恺:《艺术修养基础·艺术的效果》,载《丰子恺文集·4》,浙江文艺出版社、浙江教育出版社 1990 年版,第 125 页。
[3] 丰子恺:《美与同情》,载金雅主编,余连祥选编《中国现代美学名家文丛·丰子恺卷》,中国文联出版社 2017 年版,第 11 页。
[4] 丰子恺:《桂林艺术讲话之一》,载金雅主编,余连祥选编《中国现代美学名家文丛·丰子恺卷》,中国文联出版社 2017 年版,第 43 页。
[5] 金雅等:《中国现代人生论美学引论》,中国社会科学出版社 2020 年版,第 275 页。

丰子恺将自然事物与日常生活诗化，尽情呈现和享悦其趣味和美好。我们欣赏丰子恺的作品，经常会为他所描绘的丰富物象和有趣生活所吸引。如对早年刻苦学习绘画的体验，他曾这样写下自身的感悟，他说："我把我的先生，我的长辈，我的朋友，看作与花瓶，茶壶，罐头同类的东西。"[1] 艺术的写生，改变了丰子恺观看世界的方式，这是他完全投入艺术活动中最真实自然的状态，其中也包含着中国传统文化中"万物一体"的独特思想。何谓"万物一体"？针对这一独特的审美方式，丰子恺解释道："'万物一体'是中国文化思想的大特色，也是世界上任何一国所不及的最高的精神文明。古圣人说：'各正性命'。又曰'亲亲而仁民，仁民而爱物'，可见中国人的胸襟特别广大，中国人的仁德特别丰厚。所以中国人特别爱好自然。"[2] 中国古典艺术中的山水诗和山水画，正是古代艺术家与自然亲近的艺术实践。古代先贤对自然的敬重，对人与自然关系的忖思，对社会人事与自然之道的考度，催生"天人合一"的哲学思想与"和谐"的审美范畴。丰子恺从中华优秀传统文化中发掘出"同情"的深刻内涵与高远意义，构建了他基于"同情"的"万物一体"的艺术观和美感意趣。

熟悉传统文化的丰子恺，时刻谨记文明延续的重要意

---

[1] 丰子恺：《写生世界（下）》，载《丰子恺文集·2》，浙江文艺出版社、浙江教育出版社1990年版，第601页。
[2] 丰子恺：《桂林艺术讲话之一》，载金雅主编，余连祥选编《中国现代美学名家文丛·丰子恺卷》，中国文联出版社2017年版，第42页。

义,守护"万物一体"的仁德之核。"万物一体"的观照方式,打破了人与自然、人与物的二分立场,既视一切有情无情之物为独立生命个体,又将主体之"同情"及于对象,达成物我之无间。"对自身赤诚心性的守护,对朴素自然之审美趣味的坚持,对生命与德性的敬畏,成就了丰子恺独具个性的艺术气质和率性品格,加之佛家的'慈悲之心'与他深谙的'同情之心'相映,铸就了护生即'护心'的人生信仰和理想信念。"[1]这也是丰子恺追求与坚守"万物一体"之美意的初心本源。

"真率即美,可谓丰子恺一切学说与思想的要义,也是他艺术作品的神核。"[2]丰子恺的一生,为艺为人,都"真率"护持心底那份纯净美好的境趣,虔诚守护至善、至诚、至美之胜意。熟悉丰子恺的人,大多倾慕他的漫画世界和散文天地,喜爱他笔下仁爱、旷达、温暖、灵秀的艺术。丰子恺以"真率"拓展了艺术与人生相遇的广阔之域和独特魅力,也构筑了他对真率人生的挚情向往与挚性追求。"在丰子恺的真率人生建构中,其最关键的当是艺术精神(态度)的问题。童心、绝缘、同情、趣味都是丰子恺从不同的角度对于艺术精神的具体阐释,其共同的目标都是指

---

1 金雅等:《中国现代人生论美学引论》,中国社会科学出版社2020年版,第284页。
2 金雅:《真率之趣构筑的大人格》,《文汇报》2018年12月7日。

向对艺术精神的体认与建构。"[1] 丰子恺的一生，始终保持这赤诚"率真"的初衷，这源于他对自然、艺术、人生的热爱，也源于对真善美的追求。

丰子恺的艺术实践和人生实践，回应了他所处的动荡时代和社会。他的《桂林艺术讲话》之一、之二、之三，激荡着一个"真艺术家"的"真率"热血。他号召"最伟大的艺术家"，应"以全人类为心"，"认明艺术的性状"，"觉悟自己的地位"，"起来"共负民族之"重任"！[2] 这就是最可爱、最可宝贵、最伟大的"真率"之音！丰子恺的艺术与生活，是融为一体的。丰子恺的一生，于生活、与艺术、于美，"真率"执着而温暖趣逸。

---

[1] 金雅：《丰子恺的真率之趣和艺术化之真率人生》，《广州大学学报（社会科学版）》2007年第10期。

[2] 丰子恺：《桂林艺术讲话之一》《桂林艺术讲话之二》《桂林艺术讲话之三》，载金雅主编，余连祥选编《中国现代美学名家文丛·丰子恺卷》，中国文联出版社2017年版。

方东美的"生生"

方东美(1899—1977)的"生生",既是万物含生的宇宙气韵,也是天地含情的艺术臻境,同时这也是圆成"大人"的创生之路。"生生",是宇宙的生香活意,是人的生命生气。在方东美看来,中国的艺术家体得宇宙万物的"生香活意","挈情入幻"而"积健为雄","原天地之美"而相与浃化。"生生",是方东美的思想基石,是其哲学、艺术、人生圆融,进而成就"大人"的大美至趣。

一、"生生"与生命气韵

《周易》曰:"生生之谓易。成象之谓乾,效法之谓坤。"[1] 这里的"生生",前一个"生"字,表示生命的本体,后一个"生"字,表示生命的特征。"生生之谓易",展示了中国古人对生命和世界的深刻理解。方东美拎出"生生"二字,以此指征中国传统文化和哲学的根本观念。他认为:

---

[1] 陈戌国点校:《四书五经》(上册),岳麓书社2002年版,第197页。

"中国的哲学家不象西方的思想家在科学主义的偏执下囿于'万物无生论'的边见,而且是永远在追求一种广大圆融的观点,以统摄大宇长宙中生命的创进完成,所谓'天地生物气象'即是。"[1] 于是,宇宙万象具有"生生"的生命底蕴,流露出"万物含生"的宇宙气韵,彰显出"天地大美"的和谐圆融。

(一)"万物含生"的宇宙气韵

方东美认为,万物含生,天地含情,是中国人宇宙观的基本特点。他说,在中国人看来,宇宙不是纯物质性的存在,而是物质和精神两方面的浑然一体。在中国人的宇宙观里,精神与物质由于生命力的贯注而高度和谐统一,宇宙因生命而存在,宇宙为生命而存在。中国人眼中的宇宙,乃物质与精神"抱阴负阳",在生命力的发动下不停运动、转化。正因为此,中国人眼中的一切物质均饱含生命气韵,方东美称之为"万物有生论"。方东美举《镜花缘》这部神魔小说为例,形象地说明中国人眼中的世界:星斗、风月、鸟兽、草木等世间万物,均像人间社会一样活色生香。他指出,中国文学中的这种想象,将世间无生命或无灵性的事物,幻化为具有人类灵魂的活的事物。中国哲学虽然不像文学一样描写具体的现实事物,但是也预设了一个万物有灵的世界。方东美一言道出了艺术的奥秘所在,

---

[1] 蒋国保、周亚洲编:《生命理想与文化类型——方东美新儒学论著辑要》,中国广播电视出版社 1992 年版,第 140 页。

艺术的关键正在于给精神之外的物质世界灌注一种生命之气，使之能够传达人类的情感，人类也借艺术更充分、深入地交流情感。中国人的宇宙观实际上是一种以艺术想象为根基的宇宙观，它深深植根于人类早期文明的土壤，幻化出美丽的光芒。方东美进而认为，宇宙在根本上讲，是物质和精神的水乳交融，其间贯注、弥漫着生命精神。因此，人类生活于宇宙、自然之中，其情感、精神必然与外界自然事物产生密切关联，从而产生情景交融、物我合一的艺术精品。

在《科学哲学与人生》中，方东美写道："万物含情，以同种异形相禅，纯是事实，绝无疑义"；"万物含生，条畅荣茂，机气充满，坦然各遂其欲，盎然自达其情"。[1] 方东美反对西方近代生物学中将生命视为物质的观点，指出："物质科学因为要符合求简律，遂用分析的眼光，硬将生命丰富的内容约成数量齐等的方式，这简直是吞没生命，不是解说生命啊。"[2] 方东美欣赏达尔文的进化论，认为整个自然界都处于运动发展之中，人生、生命亦然；他赞赏柏格森将生命视作滚动的雪球不断增添前进动力的譬喻，认为生命处于持续的创造、拓展之中；他高度评价尼采，认为其哲学是唱给生命的赞美歌。他倡导，人生活于大地之上，就要本着自由的精神，不断增强自己的生命力，不断进行

---

1 方东美：《科学哲学与人生》，中华书局2013年版，第140页。
2 方东美：《科学哲学与人生》，中华书局2013年版，第137页。

创造，从而展现生命的无限潜力。只要是增强生命力，使生命变得美丽的事物，都是值得追求的事物，这是生命的定律。

在《中国先哲的生命精神》中，方东美高度评价中国哲学的"天人合一"论，认为这种观点"把宇宙和人生打成一气"[1]。中国先哲将宇宙视为"普遍生命流行的境界"，从而"天大其生，万物资始，地广其生，万物咸亨，合天地生生之大德，遂成宇宙，其中生气盎然充满，旁通统贯，毫无窒碍。我们托足宇宙中，与天地和谐，与人人感应，与物物均调，无一处不随顺普遍生命，与之合体同流。我们的宇宙是生生不已，新新相续的创造领域。任何生命的冲动，都无灭绝的危险；任何生命的希望，都有满足的可能；任何生命的理想，都有实现的必要。'保合大和，各正性（性训生）命'，真是我们宇宙的全体气象。这种宇宙是最伟大的、最美满的。我们民族寄托在这里面，处处可以象效宇宙之伟大美满，而趋于至善，有时纵受危机之迫胁，过失之侵陵，我们又能取法天地生物之心，化险为夷，改过迁善。拿我们的学说来和希腊、欧洲的比较，我们不妨确实肯定地说：我们的宇宙是最好的宇宙，我们的生命是向善的生命"[2]。中国人眼中的宇宙是充满美好生命、蕴溢情感的宇宙，万物相通，情感相融，生生不息。1956年，

---

[1] 方东美：《中国人生哲学》，中华书局2012年版，第38页。
[2] 方东美：《中国人生哲学》，中华书局2012年版，第39页。

在《中国先哲的生命精神》的修订版《中国人的人生观》中，方东美指出中国先哲的宇宙论和生命观之根本，体现为"广大和谐"的生命精神，中华民族正是因为有这样宏伟的宇宙观，才能创造出独特而伟大的民族文化。在中国人的眼中，万物含生，万事有情，宇宙间处处充满了生命的生机和活力，自然界里到处洋溢着生命的芬芳。正是这种互相联系、互相渗透、互相融合、充满生命机趣的美情世界，让中国人充满创造力和道德感，创造出举世闻名的璀璨文化。

（二）"天地大美"的和谐圆融

方东美认为，"在中国人的眼中，宇宙是圆融和谐的整体，是充满生命的创进，天地、天人合为一体，充塞其间的是一种大美"[1]。"大美"的理念在庄子中就有表述。方东美在《中国先哲的艺术理想》一文中，谈中国人对美的感受时引用了《庄子·外篇·知北游》中的一段话："天地有大美而不言，四时有明法而不议，万物有成理而不说。圣人者，原天地之美而达万物之理。"[2] 方东美认为，中国人眼中的宇宙既是道德的，也是艺术的、审美的，但"宇宙间真正美的东西，往往不能以言语形容"[3]。因此中国人很少直言美是什么，也不关注何为美的本质，而是具体去感受美

---

[1] 金雅等：《中国现代人生论美学引论》，中国社会科学出版社2020年版，第294页。
[2] 方东美：《中国人生哲学》，中华书局2012年版，第54页。
[3] 方东美：《中国人生哲学》，中华书局2012年版，第54页。

的形象,喜欢借助艺术语言来喻示。

什么是"大美"?方东美如是解答:"天地之大美即在普遍生命之流行变化,创造不息。"[1] 我们要想参透宇宙的奥秘,体悟天地之间蕴藏的大美境界,就要将精神贯注于宇宙自然之间,参与宇宙的创造,体悟与宇宙、自然合一的妙处。宇宙的创造即我们的创造,宇宙的美丽即我们的美丽,宇宙的生气即我们的生气。宇宙的一切生香活意,无不贯注着人的生命精神。天地之所以有大美,正在于有生命的创造,协同共在,生命活力即宇宙活力,生命之美即宇宙之美。在方东美眼中,美不是对事物表象的静观的感觉,而是由生命力、创造力彰显的大美。

在方东美看来,宇宙天地间流溢大美,氤氲着生命的刚健气韵,因而处处可以体验到美的魅力与愉悦。这种大美通过自然、人、艺术等,言说无尽。庄子借大鹏翱翔,想象在高空俯瞰人间的壮观情景。方东美认为要看到这个世界的美丽,就要暂时离开它,到高处去俯瞰,才能真正领悟它的瑰丽。他常常谈到坐飞机的经验,认为有乘"大鹏"之妙,启示人去体悟这种诗境。他鼓励学哲学的学生,第一课就是要去乘一次飞机,而且"不要坐只飞几百公尺高的飞机,因为那还是不能脱离卑微的世界,还是不能脱离现实的观点。要坐飞机的话,一定要飞到两万公尺

---

[1] 方东美:《中国人生哲学》,中华书局2012年版,第55页。

或者更高的高度"[1]。在如此的高度，人远离尘嚣，方能体悟燕雀、蟪蛄的渺小，以及凡常生活的庸俗。在这样的高度，才能真正体味自然宇宙的大美。方东美慨叹中国的壮丽河山给了国人体味"大美"的机会。他说："我们中国人真是幸运，自古以来，生在这亚洲广大的疆域里面，有巍峨奥折，千群万群的高山，有雄浑奇丽，千里万里的河流，其间满布着青翠沃壤，弥漫着淋漓元气，风是那般清幽地吹着天籁，雨是这般滋润地流着甘露，花是如此幽香，树是如此勃茂，我们优游其间，逐水看山，生智成仁，怎能不生机活泼，体天地之美以达万物之理，像孔子、庄子所说的那样巧妙呢？诸位！我们中国的宇宙，不只是善的，而且又是十分美的，我们中国人的生命，也不仅仅富有道德价值，而且又含藏艺术纯美。"[2]

充塞宇宙天地间的"大美"，不仅体现在大自然中，也体现于人的生命创进里。在经历了近代西方列强的蹂躏、践踏后，中华民族面临衰竭的危险，国家贫弱，危机四伏，但方东美从哲学家、美学家的高度，捕捉到中华民族精神中的生生不息的伟大力量，含蕴于中国人与天地大化同流的生命气韵里。他这样赞美中国人博大的精神气魄："中国人做人，不仅仅从做人做起，而且要遵循道本，追原天命，尚同天志，仰观俯察，取象物宜，领略了宇宙间伟大的生

---

[1] 方东美：《原始儒家道家哲学》，中华书局2012年版，第231页。
[2] 方东美：《中国人生哲学》，中华书局2012年版，第58页。

物气象，得其大慈至仁兼爱之心，祛除偏私锢蔽别异之见，才能恢恢旷旷，显出博厚高明的真人来"；"所谓真人、圣人、完人的生活，就是要摄取宇宙的生命，来充实我们自己的生命，更须推广我们自己的生命，去增进宇宙的生命"。[1] 天地间有浩然之气，这气息既是大自然的，更是中国人生命力的迸发。这种生命的"大美"，充塞天地宇宙，显示无穷无尽的力量，不会枯竭，涅槃后自会更生。"因为我们的生命是囊括宇宙，网罗万有，新新相续，亭毒不息的，又因为我们的精神是恢宏广大，点化众疵，步步增胜，变通不穷的。"[2] 而由这充满生命伟力的人民构成的国家民族，也是洋溢着"大美"的。国难当头，民族存亡之际，方东美对国家民族充满信心，他将中华民族比作"绵延于大宇长宙中兀如一株古梅"[3]。一株独立在宇宙中的古梅形象，显示着无尽的生命倔劲，充满壮美之气韵，展示着中华民族生命的大美！中华民族之所以有此大美，是因为我们民族的生命，就是宇宙生命的一部分，与宇宙同呼吸。方东美高度赞美中国人的这种"大美"的宇宙意识和生命精神，认为中华民族立足于这样一个生生的宇宙里，追求至善至美，奋斗不息。面临外敌入侵之时，中国人能够汲取宇宙生生不息的生命之源，顽强抗争，在危机中求机会，总能化险为夷，成就伟大的事业，成就生命之大美。

1　方东美：《中国人生哲学》，中华书局 2012 年版，第 39—40 页。
2　方东美：《中国人生哲学》，中华书局 2012 年版，第 41 页。
3　方东美：《中国人生哲学》，中华书局 2012 年版，第 3 页。

二、"生生"与诗艺化境

方东美赞誉中华民族是一个拥有卓越艺术天赋的民族,这一评价基于一个深刻的洞察:中国人的宇宙观与艺术观之间,存在着极为契合且易于相互通达的紧密联系。在方东美这里,"生生"之美浸润于中国艺术的至臻化境中,中国艺术以"生生"之生命气韵为根本,流溢出"生香活意"的活跃之美、"挈情入幻"的情感之美、"积健为雄"的浩然之美。这些审美风范与品格,正是中国人的诗艺化境绵展于宇宙万物万象的大美、至美、纯美之精神结晶。

(一)"生香活意"的活跃之美

"生香活意"在方东美这里,表现为中国艺术对宇宙生机的把捉,以及对生命活力的展现。方东美认为,中国人的宇宙观是一套价值的体系,在和谐完满的自然、宇宙中,处处看到、体悟到道德的价值,将自然物比德于人,追求至善,同时积极发展艺术修养,达到完美的境地。因此,对中国人的艺术理想进一步分析可以看出很多特征。首先,它重玄想甚于重科学。科学是用分析加综合的方式,对自然事物进行条分缕析,透彻剖析它们的结构,而玄想则更重视宇宙形而上的意义,注重广大和谐。方东美指出,"中国的哲学家、艺术家擅长玄思妙想,在艺术创造的过程中体会宇宙的勃勃生机,而通过他们的作品表现出来的世界,也必然充满生命活力,并且与人的情感浑然交融,从而使宇宙中的一切尽显生气"[1]。

方东美在中西艺术比较中,指出中国的雕塑,如霍去病墓前的立马、卧虎,东汉时期的说唱俑,均重神轻形,以生动刻画神韵为最高追求。方东美认为,中国艺术是从整个自然宇宙的视角出发的,其本身便是宇宙生命精神的体现,中国艺术家不是普通的工匠,而是更具哲学思考的能力,能够看到生命、心灵的深处,能够体味宇宙人生的深奥之境,并通过鬼斧神工的技巧将宇宙的真正面目以及普遍生命的美丽,淋漓尽致地表现出来,毫无遗漏。相较于西方,中国传统艺术与科学的关系不太突出,中国人物雕像的身材比例非常随意,或大耳垂轮,或腰长腿短,龙门石窟的力士雕像虽然也有腹肌凸显,但显然没有遵循人体的真实形状、比例来雕刻。中国艺术家所使用的材料基本取自自然之物,最能代表中国艺术魂魄的书法艺术,使用的笔墨纸砚千年未变。方东美说中国艺术"玄学性重于科学性"[2],认为这是中国艺术的一个非常突出的特征。方东美认为,相较于科学的、客观的眼光,对于艺术来说,创变的活力更为重要。他感发道:"艺术的工作并不在于把生命化成呆板的死物,只以稳妥的眼光来看生命,或只以恒态来视其全貌,这并不是一个艺术家所关切的重点,否则宇宙人生的雄健优美,以及艺术作品的绮丽瑰伟,原来本

---

[1] 金雅等:《中国现代人生论美学引论》,中国社会科学出版社2020年版,第300页。
[2] 方东美:《中国人生哲学》,中华书局2012年版,第201页。

应表现一切万有的生香活意，此时都会被僵化殆尽了。"[1] 方东美断言，中国艺术的一切语言，不管是线条、色彩、材质、造型还是神韵等，都在极力表现这种广大和谐的宇宙精神。中国哲学、中国艺术的这种重整体性的特点，超越了偏见和私欲，使精神澄明而怡然。这种精神表现在中国自古到今所有流派、艺术家的各种各样的作品之中。人们若要真正了解中国艺术的精神，就必须先要了解中国人的这种哲学精神，否则只能在中国艺术的大门之外徘徊，既不能真正欣赏，更不能正确评论。

方东美强调，"在我们中国人看来，永恒的自然界充满生香活意，大化流行，处处都在宣畅一种活跃创造的盎然生机，就是因为这种宇宙充满机趣，所以才促使中国人奋起效法，生生不息，创造出种种伟大的成就"[2]。中国人之于宇宙，譬如婴儿之于母亲。婴儿看似天真无邪、无所作为，却蕴含着无限的可能，是未来世界的缔造者。中国思想家向往自然，投向自然的怀抱，就如婴儿复归母亲的怀抱，他们只有在自然、宇宙的怀抱里，才能找到归宿。鉴于中国人与宇宙万物这种亲密关系，他进而指出，"我们若要原天地之美，则直透之道，也就在协和宇宙，参赞化育，深体天人合一之道，相与浃而俱化，以显露同样的创造，宣泄同样的生香活意，换句话说，天地之美寄于生命，在于

---

[1] 方东美：《中国人生哲学》，中华书局 2012 年版，第 204 页。
[2] 方东美：《中国人生哲学》，中华书局 2012 年版，第 111 页。

盎然生意与灿然活力,而生命之美形于创造,在于浩然生气与酣然创意。这正是中国所有艺术形式的基本原理"[1]。艺术将天地与生命相流贯,成就艺术和人生的创化之美。

(二)"挈情入幻"的情感之美

方东美将中国艺术的根本特性,概括为"挈情入幻"。他说:"要之,深远敦厚的仁心昭昭朗朗,弥纶天地,其中生生不息的自由精神更是驰骤奔放,芳菲蓊勃,蔚成诗艺般的化境,举凡理智之饱满清新、思想之空灵活泼、幻想之绮丽多采、情韵之雄奇多姿,莫不都在此中充分表露,了无遗蕴,所以才能美感丰赡,机趣灿溢,包天含地,浩荡充周,这些深微奥妙之处书不尽言,言不尽意,只能透过艺术而曲为表达,挈情入幻,这就是中国艺术的根本特性。"[2] 挈情入幻,将深沉的情感蕴含于虚幻的艺术形象中,表现出生命的无限活力与灵气,这构成了中国艺术的重要表现特征。"情"是人类心理活动的一种基本形式,中国人的情感流连于今生今世的现实生活。方东美讲道:"中国人对宇宙是入世的,不是出世的,因为我们把宇宙看成是一个价值领域;同样,人性是足以仰恃的,不是可以舍弃的,正如前面所说,人性绝不是有罪的,而是无邪的。宇宙全体,也正如前述,就是一个精神与物质的合体,两者浑然同体,浩然同流,共同迈向更完美的境界,而普遍生命弥

---

[1] 方东美:《中国人生哲学》,中华书局2012年版,第196页。
[2] 方东美:《中国人生哲学》,中华书局2012年版,第204页。

漫宇宙，贯注万物，更是日新又新，精益求精，不断的提高价值，不断的充实价值。我们生命的目的，就是脚踏实地在此世实现至善理想，而不是虚妄蹈空，转求他世。"[1]

以"情"为根本，中国人心怀旷远美丽的现实现世情怀，在一个充满生香活意的世界里辛勤劳作，享受欢乐。除了人与人之间的情感，中国人对宇宙万物也充满了美好的情感。方东美说："人的小我生命一旦融入宇宙的大我生命，两者同情交感一体俱化，便浑然同体浩然同流，绝无敌对与矛盾。"[2]方东美举管仲姬的《我侬词》来比喻这种情感："尔侬，我侬，忒煞情多，情多处热似火，把一块泥，捻一个你，塑一个我，将咱们两个一齐打破，用水调和，再捻一个你，再塑一个我，我泥中有你，你泥中有我，生同一个衾，死同一个椁。"[3]方东美指出，中国人与宇宙万物之间的关系，就是如此柔情蜜意，如胶似漆。正是有这种至美的情感，方东美认为中国人的心境是一片纯美的天地："一直到目前为止，中国民族，只要是真正的中国人，旷观整个世界和人性，都是纯真无邪，一如小孩。"[4]中国人的这种情感植根于天人合一的基础之上，因此这种情感"浃化宇宙生意"。这不同于西方美学家或只注重外物的客观存在，或只主张主观感受透射于外物，从而产生心物二元、

---

1 方东美:《中国人生哲学》，中华书局 2012 年版，第 139—140 页。
2 方东美:《中国人生哲学》，中华书局 2012 年版，第 161 页。
3 方东美:《中国人生哲学》，中华书局 2012 年版，第 161 页。
4 方东美:《中国人生哲学》，中华书局 2012 年版，第 139 页。

主客隔阂之情状。方东美认为，经过传统文化的熏陶，中国人的思想绝不郁结于主客二分，中国人的宇宙观呈现出广大而和谐的生命精神，人与宇宙万物和谐与共，亲密无间。中国人的情感具有本体的意味，"浃化宇宙"成为生命力的最高体现，也为人与物的交流契合提供了条件，成为艺术生成的基础。

方东美还认为，"挈情入幻"也体现了中国艺术独特的人文主义精神。他指出："在中国艺术中，人文主义的精神，乃是真力弥漫的自然主义结合神采飞扬的理想主义，继而宣畅雄奇的创造生机。"[1] 这种人文主义体现在人与自然的关系上，二者亲密无间："我们与自然一向是水乳交融，毫无仇隙的，所以精神才能自由饱满，既无沾滞，更无牵拘，如此以盎然生机点化一切，自感内心充实欢畅无比，所谓'超以象外''得其环中'，自能冥同万物，以爱悦之情玄览一切。"[2] 拥有这样的人文主义精神，在艺术创作中，艺术家能够化有限为无穷，通过虚灵的艺术形象，将生命的无限机趣表现得一览无余。由此，"挈情入幻"对于中国艺术来说，既是一种表现特征，也具有根本性意义。

（三）"积健为雄"的浩然之美

方东美认为，生香活意和挈情入幻，均强调艺术、生命、人生的谐和，是对鲜活大美的艺术的追求，造就了

1　方东美：《中国人生哲学》，中华书局 2012 年版，第 212 页。
2　方东美：《中国人生哲学》，中华书局 2012 年版，第 211 页。

"积健为雄"的浩然气韵。

方东美倡导中国艺术精神的阳刚之美。他指出,在中国人的眼中,宇宙充满刚健的生命力。这种生命力充溢于整个天地之间,融于自然之中,使世间万物激发出生命力。这种生命力,经艺术家之手化为艺术,遂成珍品。方东美认儒、道、墨三家思想为构成中国传统哲学的主要内容,但由于墨家表现出功利主义倾向,故对审美较为轻视,因此他在谈论艺术时对墨家"略而不提",主要以儒家和道家思想为证。方东美认为,老子的思想既是哲学的,也是艺术的,将生命生长的过程与构成宇宙根本的"道"紧密联系,指示一切生命所具有的本质特性就是要不断创造、前进,直达完美境界。"万物无以生,将恐灭"[1],宇宙之所以美丽,就是因为有"丰富的生命充塞其间"[2]。与道家相比,儒家思想缺少高妙玄奥之气,但注重诗、乐,注重生命、自然、社会的和谐,将艺术的精神紧密融入社会生活之中,使艺术与每个人的生活、人生息息相关。《论语》中说:"志于道,据于德,依于仁,游于艺。"[3]另有:"子谓《韶》:'尽美矣,又尽善也。'"[4]"女为《周南》《召南》矣乎?人而不为《周南》《召南》,其犹正墙面而立也与!"[5]这些文字

---

[1] 陈鼓应:《老子注译及评介》,中华书局1984年版,第212页。
[2] 方东美:《中国人生哲学》,中华书局2012年版,第197页。
[3] 陈戍国点校:《四书五经》(上册),岳麓书社2002年版,第28页。
[4] 陈戍国点校:《四书五经》(上册),岳麓书社2002年版,第22页。
[5] 陈戍国点校:《四书五经》(上册),岳麓书社2002年版,第54页。

都体现了孔子与道德、人生关联的艺术思想。方东美强调，儒家重视在审美过程中透过宇宙里充满活力的生命，而与宇宙同流融合。他指出，中国艺术的"积健为雄"，在看似对立的两种思想中，凸显出一致性，无论是儒家还是道家都认为在艺术活动中，如要领悟艺术的精神就先要领悟生命与宇宙的这种浩然同流。中国人的所有艺术创造，都是体悟了生命的伟大之后才进行的，任何艺术流派、艺术家都不例外，甚至中国的佛教雕塑也有这种特色。

中国艺术是如何实现"积健为雄"的境界的？方东美强调其中的奥秘首先在于，振作生命，激发原创力。中国艺术是生命力的表现，其外化形式即为"积健为雄"的艺术品。在中国传统哲学中，生命乃阴阳相成相生。方东美认为"阳"代表原创力，"阴"代表孕育力，阴阳和谐则万物衍生、茁壮成长；反之，则万物黯然。"如果这一阴一阳的运转创进，能以阳刚的原创力引发阴柔的孕育力，则生命气象必能恢宏雍容，德业深远。但是，如果阴阳只成了相互干扰的敌对力量，则生命力必将萎靡不振，相互抵销。"[1]

中国文化中，天、地、人一体，生命、生气、生活交融，构筑了宇宙自然和社会人生，化生出无限的生机，包蕴着深情，为艺术的"积健为雄"之美感奠定了内核，也是艺术和美介入和引领人生的重要魅力所在。

---

[1] 方东美:《中国人生哲学》，中华书局2012年版，第168页。

三、"生生"与成就"大人"

方东美认为，中国哲学、中国艺术的最高宗旨在于表现人生、指导人生，一切玄想、情感均落实在为人为事上，这也成为中国美学的最高宗旨，即美与人生相谐的精神。他说，人的生命与天地相通，充塞于无穷无尽的宇宙，若能持之以恒地涵养擢拔，则可成就"大人"，创化大美。

（一）"尽善尽美"的人生境界

方东美将世界划分为"形而下"与"形而上"。"形而下"是自然层次，所处其中的人是"自然人"，"自然人"的最基本形态是能够保持肉身的存在。人类之初，几乎与猴子无异，他所面对的是一个充满诱惑，同时也是充满危险的自然世界。他最大的特点就是能够用行动来谋取生存。但是"自然人"不等于动物，他要把自己提升至更高的层次——"真正生命的境界"。在这个境界里，创造性是其标志。在生命境界中的人，方东美称之为"Homo Dionysiacus"。这种人善于行动，却疏之于盲动、妄动，近乎疯狂，因此要予以修正，使其成为"Homo Creator"，即成为具有创造力的人，将生命的光辉发扬光大，不断创造、创新，将人领向更具价值的更有意义的世界。但是"Homo Creator"依然需要提升自己的理性，用理性来指导自己的行动，从而进入真理世界。方东美认为完美的"自然人"应该是"行能的人、创造行能的人、知识合理的人"三者的结合。今天我们所在的世界，是"自然人"创造的世界，这个世界以科学文化为骄傲，将所有的一切都看作数量上的意义。

方东美对我们创造的这个引以为傲的世界进行了批判,认为做到"自然人"的层面,似乎各种欲望都得到了满足,身心都得以愉悦,但是仍在"自然人"这个较低的范畴里。"自然人"建设的世界和生活的世界,仍属于自然世界。在这个自然世界里,虽然事物多姿多彩,现象也非常丰富,但是一切均以数量进行计量,以数量的多少来考量它的功绩,除此之外,缺乏价值论的内容,缺乏更为丰富的意义。因此,这个世界依然是贫乏的,不能让人满意。

方东美认为,"形而上的世界"与"形而上的人",是我们所应该追求的。"形而上的世界"也就是超越的层次,对应的是"形而上的人"。"形而上的人",自下而上包括艺术的人、道德的人、宗教的人。艺术的人包括画家、文学家、建筑师、音乐家等,他们可以创造艺术符号,使日常的生活变得陌生化,从而把人带入一个美化了的世界。艺术的人属于"形而上的人",他们具有这样一种才能:通过使用各种各样的艺术符号,创造出不同的艺术语言,这些艺术语言具有各种纷繁复杂的使用方法,从而能够象征性地表达宇宙种种境界中的奥秘。艺术的人通过自己高超的技艺,创造出美妙的艺术世界,为人类的生存境界增添了美的成分,使人类精神超越于物质性的凡俗社会之上。在"形而上的人"中,道德的人和宗教的人的层次高于艺术的人,但二者均包含艺术的成分。比如,道德的人中包括哲学家。要成为哲学家,需要良好的艺术修养,并且培养出高尚的品格,在道德上具备宋儒所倡导的"圣者气象"。再如，在谈论宗教的人时，方东美认为宗教是艺术的归宿，具有永无止境的秘密，值得不停向上探索。

美和丑共在这个世界，而艺术可以表现美，也可以表现丑。方东美认为，艺术家既受意志的控制，也受情绪的左右。如果艺术家受情绪的掌控，丧失了理性，那么艺术的世界就可能成为一个疯狂世界，这样一个疯狂的艺术世界一定不是人类所需要的。因此，艺术家还要上升、培养高尚的道德人格，成为"道德的人"。道德的人修炼到高处，在儒家称为"圣人"，在道家称为"真人"，佛家则认为这个人完成了佛性。此时，"道德的人"上升为"宗教的人"。达到"宗教人"的层次，就超越了自然人，也超越了艺术家。他具有高尚的道德品质，而且广泛地阅览了人间百态，经历了生命的种种欢乐悲伤。他的生命具有无限的包容力，他成为一个无所不能的"全人"，收获各种各样的赞美。方东美认为"宗教人"的人格，达到了"崇高"的境界，到达了人类发展的"塔顶"，是"高贵的人"。方东美把成为"高贵的人"，看作人类最高的理想，虽难以达到，但应该不懈地追求。因为作为人就应该有这样的追求——要把人的生命、才能、心性不断提升，提升至"尽善尽美"的境界。"尽善尽美"一向是中国人的至高精神追求之一。《论语·八佾》中，孔子说："子谓《韶》，'尽美矣，又尽善也'。谓《武》，'尽美矣，未尽善也'。"[1]在儒家

---

[1] 杨伯峻译注：《论语译注》，中华书局2009年版，第33页。

看来，善高于美，方东美显然是继承了这一传统思想，将"道德的人"放在"艺术的人"之上。方东美毕生追求人性的完美，他常说"To be human is to be divine"。成为一个神圣的"宗教人"，追求至善至美的人生境界，始终是他的至高理想。

(二)"三位一体"的人格美韵

方东美在《中国哲学精神及其发展》一书的导论中说："总体而论，中国哲人实代表一种'诗人、圣贤、先知'三重复合之理想人格典型，然分别观之，三家抑又各显其不同之风姿。格局高致，各有千秋：道家陶醉诗艺幻境，故以诗人之身分出现；儒家显扬圣者气象，故以圣贤之身分出现；佛家则以苦心慧心谋求人类精神之灵明内照，故以先知之身分出现。"[1] 在方东美看来，"诗人、圣贤、先知"体现了中国最主要的三家思想的主体精神，是中国人格的典范。三者集一身的人，乃为"大人"："中国人所成就的各种不同的哲学体系，究竟是代表什么样的人？关于这一点，我曾借 Prof. Corford of Cambridge，在 *Principium Sapientiae* 那一部书里所用的一个名词：根据古代的民俗学，在各民族的初期，代表各民族说话的 the combination prophet-poet-sage，这是汇合了一个先觉、一个诗人、一个圣人的精神在一起而锻炼出来的一种伟大的人格，真乃是庄子所赞佩

---

[1] 方东美：《中国哲学精神及其发展》（上），孙智燊译，中华书局2012年版，第8页。

的'古之博大真人',也就是原始儒家所描绘的'大人'。"[1] 方东美集诗人的空灵及哲学家的深刻于一身,并对国家、世界的未来发展耿耿于怀,不断上下求索,是一位身体力行的思想大家。1974年,他曾作《元宵咏梅》一诗。在此诗的自注里,他写道:"今年农历元宵,风雨如晦,凄寐苍凉,残更以后,吾心忽开朗如满月,瞻望青年与国运之前途,因又得咏梅一绝句。"[2] 此诗注,是其人格境界的真情抒写。

方东美首肯儒家的创造精神,根据儒家经典,拎出"生生"二字,概括中国传统哲学的特征,"生生之美"也成为方东美提炼中国传统美学思想的代表观点。对于道家,方东美指出其最大的特点是体现了一种"无穷的超脱精神",道家的人就像遨游太空的人一样,在宇宙中自由翱翔驰骋,道家与儒家恰成互补,使中国传统文化精神丰富而多彩。而佛家则兼二者有之,尤其禅宗将宗教的高明智慧与尘世芸芸众生的生活结合起来,为中国人所乐于接受。方东美一再将儒、道、佛三家进行比较。他指出:"在运思推理之活动中,儒家是以一种'时际人'(Time-man)之身份而出现者(故尚'时际'),道家却是典型的'太空人'(Space-man)(故崇尚'虚''无');佛家则是兼时、空而并遣(故尚'不执'与'无住')。"[3] "佛学不仅是一种哲

---

[1] 方东美:《方东美先生演讲集》,中华书局2013年版,第70页。
[2] 方东美:《中国人生哲学》,中华书局2012年版,第8—9页。
[3] 蒋国保、周亚洲编:《生命理想与文化类型——方东美新儒学论著辑要》,中国广播电视出版社1992年版,第194页。

学,也是一种宗教,他系心于人类的未来命运,所以中国大乘佛学表达其思想应重于先知的性格。道家'原天地之美而达万物之理',属于艺术家,拿艺术家的才情不受现实世界束缚,而能超脱解放到自由之境,应较重于诗人的性格,但有时超脱之后会有看不起世界的危险。儒家则不然,'志于道,据于德,依于仁,游于艺'。一方面有高远理想,但又不能悬空停在价值世界的理想中,同时还要'践形',要把高尚理想拿到现实世界来实现,以成就'正德,利用,厚生',在人类社会中满全人类生活,才能成就其仁性,所以较重圣贤性格。"[1]

方东美对儒、道、佛"三位一体"的人格精神的阐发,体现了他的人格向往。他认为,"先知"的人,可以看到我们的未来,看到人类的命运、前途以及结局;"圣贤"的人,立于当今,勇于行动,把美好的理想在现实中实践出来,并以自己的"伟大人格"感染其他人;"诗人",则通过充满情感的幻想,把人类的过去投射至未来,让生命之筏荡漾在时光之河里。方东美指出,"中国人是站在生命的立场,从感觉器官,亦即见闻的知识里面肯定这个世界。然后再把这个有限的系统设法点化了,成为无穷。不管是儒家也好,道家也好,或者是先秦的墨家也好,都是透过中国人共同的才情来点化宇宙,这个共同的才情是什

---

[1] 蒋国保、周亚洲编:《生命理想与文化类型——方东美新儒学论著辑要》,中国广播电视出版社1992年版,第268页。

么呢？就是艺术的才能。以艺术的才情，把有限的宇宙点化成无穷的境界"[1]。因此，艺术和美就是宇宙、生命、人生和谐的最佳呈现，也是从有限的生命和时空通向无限宇宙自然的最佳桥梁。"伟大人格"就是美的人格，这种追求和力量，源自中国人独特的宇宙观、生命观。可以说，方东美是站在人生论的立场上，来论释中国哲学和中国美学的。作为"新儒家"代表人物之一，方东美提出儒、道、佛"三位一体"的人格美理想，倡导成就美的"大人"，这是他对中国式人格的哲学礼赞和美学礼赞。

（三）"参赞化育"的诗性路径

方东美认为中国人是世界上最有艺术修养的人。这种艺术修养、艺术气质来自中国人参赞化育的宇宙观。他在谈论宋代文化时感慨："这一种诗的情操，是透过词的极大的创造的幻想，弥漫在宇宙一切层面、一切境界之中，去表达宇宙人生的一切相与意义。"[2] "赞天地之化育，可以与天地参矣"虽出自《中庸》，但这种以积极的生命参与宇宙创造的精神，却不仅仅属于儒家，而成为中国传统文化的普遍灵魂。方东美认为领悟这种精神，是观照中国文化的一把钥匙："这种精神形成之后，在中国文学上成了中国文艺精神的灵魂，不了解这种精神的话，就不能了解楚辞，如《离骚》、《天问》，甚至于唐代的李太白。李白在思想上

---

[1] 方东美：《原始儒家道家哲学》，中华书局 2012 年版，第 170 页。
[2] 蒋国保、周亚洲编：《生命理想与文化类型——方东美新儒学论著辑要》，中国广播电视出版社 1992 年版，第 509—510 页。

接近道家、庄子一派,而他同时也深受儒家的影响,因此谈到他艺术的创作时,有一句话,'揽彼造化力,持为我神通'。"[1] 此处道出中国艺术深层之秘密。

方东美把人以积极的生命力量参与宇宙的生成、发展,与之交融合一,看作一种艺术创造:"透过大自然的力量,我们在其中发现了'很像人的东西,在我心深处得其人性'。我即称此参赞化育,协和宇宙,足以陶铸众美……在此精神意境之中,中国艺术家最能饱餐生命甘饴,而表现浓情似蜜的酣态,女词人管仲姬便是典型的例子,她曾以诗心点化世界之美,进而指出:你所有的善良本性,深契我心,我所有的芳洁本性,亦入你心。"[2] 因此,中国人的人生,可谓艺术的人生。对人类生命与宇宙生命的这种亲密关系的理解,是理解中国艺术的关键。方东美在论道家思想时谈到,道家认为"道"贯注于天地之间,体现着生命的原动力,让人陶醉其中。理解道家对于宇宙、自然、生命的这种领悟,才能深刻地领悟中国艺术的妙趣。艺术是生命的表现与创化,这是中国的"大"艺术观。方东美说,中国人做人不在细枝末节,而是要做顶天立地的大人;中国的艺术也不囿于个人的小情感,而是与天地之气相通,与宇宙生命相连。

---

1 方东美:《生生之美》,北京大学出版社 2009 年版,第 312—313 页。
2 方东美:《中国人生哲学》,中华书局 2012 年版,第 208—209 页。

艺术是人类生活、宇宙规律的表现，"天人合一"是中国文化最核心的理念。方东美的"参赞化育说"，也是对"天人合一"哲学内涵的深层解读与弘发。他指出，中国哲人认为，人生活于自然之中，人与自然亲密无间，生命力交融无隙。人若要充分实现自己，就要不断发挥自己的潜能，充分发展自己的生命力。如果人不能完美实现自我，既是人的缺憾，也是宇宙、自然的缺憾。宇宙的完满系于人与自然的和谐交流、互融共生。对于"天人合一"的哲学观念，方东美指出其在道德与艺术方面有极大的优势。因为"天人合一"使中国人敬重自然、宇宙，没有高高在上，没有把自然看作被征服、被奴役之物，因而培养出和谐进取的生命情感。

生命、和谐、仁爱、博大，这一成就"大人""圣人"的美的人格理想，需要在人对自然、宇宙、生活的"参赞化育"中才能实现。方东美指出，儒家认为人的发展经过五个阶段，最高阶段是"圣人（或神人）境界"："圣人者，智德圆满、玄珠在握，任运处世，依道而行，'从心所欲，不逾矩'，故能免于任何咎戾。其所以能臻此者，端赖'存养'、'尽性'功夫，有以致之，明心见性无入而不自得。由此无上圣智，一切价值选择、取舍从违，无不依理起用、称理而行。其成就之伟大若是，故能德配天地、妙赞化育，而与天地参矣！此种视人凭借理性作用，可以由行能之自然人层次，逐步超升，发展至于理想完美之圣人境界，即儒家提倡人性伟大所持论之理由及根据所在。"[1]"大人""圣人",既是生命与宇宙交融呼应之人,也是知情意和谐、真善美贯通之人!方东美赞美这种人格,认为拥有这种人格的人可以挟宇宙中至善至美的生命力,徜徉于天地之间,其良心充满仁义,充满积极的创造精神,同时也影响着其他人,使这样一种美好的精神流衍于整个宇宙。他自己的生命能够和"大化"协同共在,他的精神能够和天地之间的精气相融同流。他使自己的生命、所有人的生命,都完美地实现出来,完成自己的神圣使命,从而与"道"交相辉映。方东美认为这样一种壮美的境界,是宇宙中最为伟大的存在,这种真善美统一的大美或曰至美、纯美的理想境界,"是人生存的最高境界,也是一切伟大的美的创造的前提"[2]。

"生生"不仅是方东美宇宙观的基石,也是其美学观的内核。在方东美看来,中国文化之所以伟大,是因为我们有伟大的宇宙观。在中国人眼中,世界充溢着生命的活力,处处生机盎然。这种"生生"的宇宙生命气韵,不仅流淌进中国人的诗艺化境中,而且充盈在中国文化所倡扬的"大美"人格中。"生生"和"大人",使方东美的美学思想,直指人之生命与宇宙生命的圆融广大。最伟大的生

---

[1] 方东美:《生生之德:哲学论文集》,中华书局2013年版,第245页。
[2] 金雅等:《中国现代人生论美学引论》,中国社会科学出版社2020年版,第331页。

命和最伟大的人格，既是充盈宇宙生命来充实个体生命，也是丰沛个体生命力去提升宇宙生命力。在这样的生命交相呼应中，人的生命与宇宙生命达成至高和谐，直达无穷、至善、纯美。这正是方东美"生生"之美趣指向的至臻化境。

下 编

中华美学的趣味和大美

伟大的艺术和伟大的人生是相通的。

"趣味",是一个生成着的理论命题,在中国人的文化语境和美学语境中,它也是一个一直在场的实践命题。

中华之"大美",既是对象的刚健超旷之美,也是主体超越小我之束缚、与天地宇宙精神往还和合的诗性美。

"趣味":从艺术到人生的流变与拓展[*]

"趣味"是中华艺术审美的重要范畴之一。"趣味"之美和"境界"之美相呼应,构成中华艺术审美极具代表性的两大精神脉向。

一、古代语境中的"趣味"

中国古典美学和艺术思想中,"趣味"具有比较感性的实践性意蕴,主要是指称艺术鉴赏中的美感趣好,即欣赏者品评艺术作品时的个体取向,比较多地与具体的艺术鉴赏实践相联系,是对艺术作品美感风格与艺术特征的一种具体感悟。

"味"从文字学的意义上说,本指食物的味道。先秦儒、道两家均谈到"味"。"味"首先是作为口腹之欲的满足,虽不同于艺术欣赏的快感,但与美感之间又具有某种可比性。如《论语》曰:"子在齐闻《韶》,三月不知肉味。

---

[*] 本文原载于《文艺报》2024年7月1日第2版。

曰:'不图为乐之至于斯也!'"[1]魏晋时期,"味"字超越感官层面,明确地与精神感觉相联系,用于阐发人在艺术鉴赏中的美感享受。如阮籍的《乐论》,以"无味"来论鉴音乐,提出"无味则百物自乐"。嗣后,由"味"衍生出"滋味""可味""余味""辞味""义味""嘉味""正味"等系列语词。

"趣"至魏晋,亦开始进入文论之中,用来指称艺术的美感风格。如《晋书·王献之传》曰:"献之骨力远不及父,而颇有媚趣。"[2]这里的"媚趣"一词,概括了王献之书法阴柔的美感特征。东晋画家顾恺之、南朝宋画家宗炳、南朝陈画论家姚最等,运用了"天趣""万趣""情趣"等语词,来品鉴画作之美感。唐代书法家张怀瓘沿用"媚趣"一词,形容褚遂良书法的风格。唐以后,以"趣"论艺,并不鲜见,衍生出"兴趣""意趣""真趣""天趣""别趣""机趣"等族群语词。

将"趣"和"味"组合在一起,用于品评诗文之美,则可能以晚唐司空图为最早。他在《与王驾评诗书》中曰:"右丞、苏州趣味澄复,若清沉之贯达。"[3]"趣味"在这里用以指称作家作品的美感风格,一种情趣指向,和西方作为

---

1 陈戍国点校:《四书五经》(上册),岳麓书社2002年版,第29页。
2 〔唐〕房玄龄等撰:《晋书》卷八十,中华书局1974年版,第2106页。
3 〔唐〕司空图:《与王驾评诗书》,载祖保泉、陶礼天笺校《司空表圣诗文集笺校》,安徽大学出版社2002年版,第189页。

审美判断标准的"趣味",含义已较为接近。

二、"趣味"的现代拓展

20世纪初,随着西方美学的引入和中国现代美学的发蒙,"趣味"一词,也开始被赋予新的现代意涵和美感特质,特别是拓展了从艺术贯通人生的美感向度,这和"境界"的现代拓衍是互相呼应的。同时,"趣味"的鉴赏,也从古典式的偏于优美、和美型的品赏,拓衍出崇高、遒劲、博丽、悲壮等更多元化的现代风尚。

第一个对"趣味"范畴予以现代审美拓展并产生重要影响的人是梁启超。梁启超说,自己是人生观上的"趣味主义"者,他将这种人生观与审美观相贯通,创造性地建构阐释了"趣味"的中国式范畴及其美学理想。在西方经典美学视域中,"趣味"是一个超越物质感觉而与人的精神愉悦相联系的美感范畴,即一种美感风格或审美判断力,探讨的是主体和对象间的纯审美关系,尤以休谟和康德为代表。梁启超则将中国古典艺术论的鉴赏趣味和西方经典审美论的思辨趣味相结合,提出了一种既非单纯艺术品位又非单纯审美判断的广义"趣味"美。这种"趣味"是一种潜蕴审美精神的广义意趣,是一种生命实践趣味和意义价值趣味的统一。这种趣味美不只是艺术层面的唯美和粹美,也是以人生为对象的大美。这就将"趣味"拓展到了人生论的领域。

梁启超说,"趣味"是人的"内发的情感和与外受的环境"的"交媾",[1]是主体通过情感活跃来激发生命活力,从而创化的创造自由与美感悦赏合一的生命胜境。他明确提出,"趣味主义最重要的条件是'无所为而为'"[2]。所谓"无所为而为",也就是"'知不可而为'主义"和"'为而不有'主义"的统一,是"责任"和"兴味"的统一,是一种"劳动的艺术化"和"生活的艺术化"。"趣味"精神的实质,是一种不执成败、不忧得失的纯粹实践精神及其人生审美风范。趣味之美,也是一种真、善、美合一,物我、有无、出入交融的主体生命的化我之境和永动之美。梁启超认为,"趣味"的基核是情感。"趣味"源自蕴溢挚情的生命主体,是个体、众生、宇宙的至美"迸合"。这是一种酣畅淋漓的生命大美,也是一种"不有之为"的既入世又超拔的人生大美。梁启超用"趣味"来品评人物,他特别欣赏的是屈原的高洁、陶渊明的真纯、杜甫的深情。他倡扬艺术的崇高之美、阳刚之韵,提倡刚健与婀娜相统一的女性美。这样的美趣意向,在 20 世纪初,可谓振聋发聩,启蒙大众,引导时代新潮。梁启超认为,美趣可"移人",所以他积极倡导"趣味教育"。梁启超指出,日常趣味有高下之别,只有贯彻"不有之为"的趣味精神,才能成就真趣、高趣、美趣。他倡导在劳作、学问、游戏、艺术等日

---

1 梁启超:《晚清两大家诗钞题辞》,载金雅、刘广新编选《梁启超美学文选》,中国社会科学出版社 2023 年版,第 398 页。
2 梁启超:《学问之趣味》,载金雅、刘广新编选《梁启超美学文选》,中国社会科学出版社 2023 年版,第 17 页。

常活动中，建构趣味的纯粹态度，以趣味始、以趣味终，涵育美的趣味生活。他自己身体力行，生病住院时，在病床上集诗成联句，书扇以赠友，可谓趣味不减。他对子女的教育，细致活泼，融情涵趣，一门成就了三个院士。

　　梁启超的"趣味"精神及其践行垂范，影响深远。朱光潜、丰子恺等，承其意绪，又有丰富化衍。朱光潜称自己是"梁任公先生的热烈的崇拜者"[1]，他初期著述广泛使用"趣味"一词，《谈美》中"趣味"与"情趣"并用，并逐渐转向以"情趣"来界定自己的核心思想，同时提出了"人生的艺术化"的表述，倡导"以出世的精神，做入世的事业"[2]，明显体现出从梁启超的"趣味"接着说的思想理路。丰子恺也大量使用"趣味"一词，认为人生趣味的涵成，得益于艺术精神的陶冶，主张"绝缘"功利而"同情"众生的真率美趣。20世纪上半叶，王显诏、雷家骏、邓以蛰、徐朗西、李长之等现代美学家，都不同程度地使用了"趣味""情趣"等概念。"趣味"概念的运用及其衍展，构成了中国现代艺术和审美借以界定艺术和人生之本根，阐释"无为而为"，或曰"远功利而入世"的艺术化生命和美的人生的一种重要精神脉向。

---

[1] 朱光潜：《从我怎样学国文说起》，载《朱光潜全集》第三卷，安徽教育出版社1987年版，第442页。
[2] 朱光潜：《悼夏孟刚》，载《朱光潜全集》第一卷，安徽教育出版社1987年版，第76页。

三、"趣味"的实践价值

"趣味",是一个生成着的理论命题,在中国人的文化语境中,它也是一个一直在场的实践命题。

从艺术到人生,具体实践的样态多元多姿,深究其里,很多问题的根子之一,正在于趣味陶养的不足,这也正是当年梁启超、朱光潜们力倡美趣、启蒙大众的重要原因。

放眼当代艺术实践,肤浅、浮躁、拜金、互捧的现象并不鲜见,如那些调侃崇高、以丑为美的作品,搜奇猎艳、一味媚俗的作品,粗制滥造、过度包装的作品等,实际上,其内核都是趣味不高的问题。文艺中的低俗,不能等同于通俗。感官娱乐,不能置换精神快乐。不能把对趣味的追求异化为迎合观众、取悦读者。不能一谈趣味,就想象成小桥流水、风花雪月。20世纪初,我们的前辈梁启超、王国维、鲁迅等,都对一些不良的艺术风气进行过批评,并提出对应的美学主张。王国维对"悲"趣的鉴赏,鲁迅对"力"趣的标举,梁启超对悲壮、刺痛、崇高趣味的呼唤,都推动了古典趣味向现代精神的拓展。

美的趣味的养成,首要的和根本的,还在于主体对美的趣味精神的把握、对美的趣味态度的营构、对美的趣味心理的建构,能守住真趣味之底线,确立美趣味之高标,将真善融入美趣,标举"无为而为"和"不有之为"的纯粹,在蕴真涵善中成就趣味。艺术家、批评家、理论家,都应该能够识是非、辨善恶、讲情怀、立真趣、扬高趣。这样的趣味创造,不仅可以让艺术在形式上盈趣,也会让艺术真正在内涵上达趣，从而既让大众喜闻乐见，又能引领大众的趣味走向和精神尺度。

当代人生实践中，趣味也是一个很需要引起关注的实践命题。趣味和我们每个人的生活密切相关。正如梁启超等所言，趣味的生活，应该是人类生活的基本样貌。无趣的生活，如同无绿洲之沙漠，如同无自由之监牢，不能称之为真正的生活。每一个人都应该着力探索如何激发人的内在热情、激活人的生命活力，去营构充满趣味的生活，去滋育充满趣味的生命。特别是要去贯通生活中的趣味和责任，在工作中，在学习中，在科学研究中，在乏味单调的日常事务中，去建构趣味的态度，涵养趣味的精神；尤其要辨析，打着"趣味"的旗号，把声色犬马的感官刺激、名利权力的欲望追逐，误打误撞成人生的"美"趣，为种种庸俗、低俗、卑俗的行为涂脂抹粉；特别要警惕种种厌世悲观、无聊躺平的生活哲学的弥漫，种种失趣、无趣的生命样貌的播散。趣味的涵育和建设，在当下这样一个前所未有的社会变革、观念转型、科技发展突飞猛进、快节奏的时代，有着特殊而重要的意义。培养富有人文情怀、格调高雅的趣味，营造与人民同呼吸、与时代共命运的风尚风潮，是人文教育和艺术教育应该高度关注的现实课题。任公百年前曾在《美术与生活》一文中说过，人类固然不能个个都做供给美术的"美术家"，然而不可不个个都做享用美术的"美术人"。这实是一个以美育人、以趣涵人的历史命题，虽时隔百年，却仍是进行时。

大美：中华美育精神的意趣内涵和重要向度[*]

一

大美是中华美育的重要命题之一，它与和谐等命题共同构筑了中华美育精神的核心谱系。中华美育精神聚焦以真善为内核的美的人格涵育，标举美情高趣至境的主体生命涵成，形成了富有特色的民族意趣。

中华美育与美学同根同源，离不开民族文化的滋养。与西方自古希腊以来叩问"何为美"的认识—科学论命题相映衬，中华民族自先秦以来就探寻"美何为"的价值—人生论命题。自前学科的古典思想形态始，到学科意义上的现代理论形态，美与人的生命、生存、生活的价值关联，在中华美学中始终占据着极其重要的位置。崇扬大美，是中华文化与中华美学的重要价值旨趣。中华之大美，既是对象的刚健超旷之美，也是主体超越"小我"之束缚、与天地宇宙精神往还和合的诗性美。中华大美之意趣，究其

---

[*] 本文原载于《中国文艺评论》2020 年第 8 期。

根底，乃"天地与我并生，而万物与我为一"[1]的浩然正大之美。"大"，不能简单将其等同于体积之大、数量之巨等形式化因素，它与西方美学中的"崇高"也"并不是同一的范畴"[2]。西方式的"崇高"美，追求理性内容压倒和冲破感性形式，与内容形式统一的"和谐"美往往是对立的。中华之"大美"，建基于中华哲学天地万物相成化生之"大道"，深具中华文化的独特印记。"'大'者，也是'道'（天）之义"，"在古人的观念里，'大'是最美的。"[3] "大"是刚健正大与超旷高逸的统一，是物与我、我与他、小我与大我的诗性关联及审美生成。它并不破坏事物要素间的内在联系与整体和谐，而是通过以整体涵融局部的诗性化成，达至新的更高的、更大的正大之美。"大"既可以是"压倒和冲破"的超拔浩然，也可以是"和谐的统一"的诗性正大，其要义是冲破一切、升华自我、直抵大道的大无畏、大涵融、大自由之美。

王国维曾在《孔子之美育主义》一文中说："美之为物，不关于吾人之利害者也。"[4]这里的"吾人"，即"我"，即审美主体，后人据此常常把王国维解读为审美无功利论者。实际上王国维谈的是审美主体应超越美之于"我"的

---

1 陈鼓应注译：《庄子今注今译》，中华书局1983年版，第71页。
2 叶朗：《中国美学史大纲》，上海人民出版社1985年版，第54页。
3 钟仕伦、李天道主编：《中国美育思想简史》，中国社会科学出版社2008年版，第215页。
4 王国维：《孔子之美育主义》，载《王国维文集》第三卷，中国文史出版社1997年版，第155页。

利害判断，而不是否定美之于人的普遍价值。"利害"作为偏义复词，内含了辩证的尺度。以实用尺度的功利考量来替换利害考量，并不切于王国维的本意。在该文中，王国维又说："无利无害，无人无我，不随绳墨而自合于道德之法则。"[1] "无利无害"指审美主体超越"我"之一己利害判断，而达"无人无我"的道德境界，实现美的道德目标。因此，王国维的美的无利害并不是康德意义上的审美无利害。在中华文化中，"道德"的最高境界乃是合于宇宙自然之大道，亦即抵达"天地之大美"。所以，中华美学的核心命题乃"美何为"，而非西方式的"何为美"。中华美学必然要走向美育，以人的审美生成为最高目标。可以说，正是在这个意义上，王国维又说："观我孔子之学说"，"其教人也，则始于美育，终于美育"。[2] 如此，"之人也，之境也，固将磅礴万物以为一，我即宇宙，宇宙即我也"[3]。我与宇宙万物融通之大美，超越了美对于"小我"之利害。唯此，大美与那些"逐一己之利害而不知返者"正相反对，是超越"有用之用"的"无用之用"。[4] 前一个"用"，对"小我"

---

[1] 王国维：《孔子之美育主义》，载《王国维文集》第三卷，中国文史出版社1997年版，第157页。
[2] 王国维：《孔子之美育主义》，载《王国维文集》第三卷，中国文史出版社1997年版，第157页。
[3] 王国维：《孔子之美育主义》，载《王国维文集》第三卷，中国文史出版社1997年版，第157页。
[4] 王国维：《孔子之美育主义》，载《王国维文集》第三卷，中国文史出版社1997年版，第158页。

言；后一个"用"，对"无我"言。"无我"之"我"，也就是"宇宙即我"之"我"，是突破了个体与宇宙之对立，实现两者和合的诗性"大我"。

对诗性"大我"的体悟与涵育，是中华哲学精神之灵魂，也构成了中华大美命题之神髓。道家的大美，乃宇宙自然之道。老子以"大道"论之，庄子以"天地有大美而不言"[1]应之。大美乃"大方""大器""大音""大象"，乃"大成""大盈""大直""大巧"。[2]老子概之："故'道'大，天大，地大，人亦大。"[3]儒家的大美，乃"万物并育而不相害"之"大德敦化"[4]，是由自然之道贯通人伦之德。孔子以"仁"释之。闻道知命，尽善尽美；乐山乐水，立人达人。是以"子曰：'大哉尧之为君也！魏巍乎！唯天为大，唯尧则之。荡荡乎！'"[5]而"天何言哉？四时行焉，百物生焉，天何言哉？"[6]儒道均强调主体之我应循天地、百物、人伦之规律德性，而达大道，而成大美。天地物我和合，小我才有来处，大我方具进路。大美之刚健超旷，才可行可味。诗性之快乐，才与纯粹的愉悦同一。

"大"之天地物我往还和合的宇宙根性、立人达人无利无害的道德根性、超越小我宇宙即我的诗意根性，潜蕴了

---

[1] 陈鼓应注译：《庄子今注今译》，中华书局1983年版，第563页。
[2] 陈鼓应：《老子注译及评介》，中华书局1984年版，第456、457页。
[3] 陈鼓应：《老子注译及评介》，中华书局1984年版，第449页。
[4] 陈成国点校：《四书五经》（上册），岳麓书社2002年版，第13页。
[5] 陈成国点校：《四书五经》（上册），岳麓书社2002年版，第32页。
[6] 陈成国点校：《四书五经》（上册），岳麓书社2002年版，第55页

与美与艺术的天然关联，也潜藏了与生命与人生的深层关联。中华美学对大美的追求及其刚健超旷的精神意趣，在对普遍超越的至美追求上与以康德等为代表的西方现代美学的无利害性是相通的，但中华美学的大美意趣又有别于以康德美学为代表的偏倚以美论美的纯思辨循环，而是主张美向现实人生的开放，主张真善美的实践贯通，主张创美审美的动态统一，主张美学美育的知行合一，倡扬天地运化之美、艺术创造之美、生命化育之美的融通无悖。中华大美之意趣不停留于对艺术、对形式的有限的、静态的、优美的观照，而从美的艺术教育、美的知识教育、美的技能教育走向大美人格涵育和大美人生创化，使美育开掘出广阔的视野，升华出形上之维，激荡着浩然正大之辉光。

二

在中华美育视野中，小我和大我，在大美的终极追求和理想涵成中，可以道通德成，天人合一，成就"大人（我）"。这个"大人（我）"，既是中华哲学的范畴、道德的范畴，也是审美的范畴。

"大人（我）"构成了中华美育"大美"精神的人格构象。艺术并不是中华美学的终极归宿，中华美学最终要走向人，落到人的涵育上，贯通于主体的生命、生活、生存实践中，这就是生命的审美化、人生的艺术化。中华美学不局限于唯艺术而艺术的小美唯美，而是通向人的美化和人生的美育，由此，美学与美育密不可分。对大美人格的美趣致思，在 20 世纪上半叶生成了一定的话语谱系，如梁启超的"大我"、王国维的"大词（诗）人"、丰子恺的"大艺术家"、方东美的"大人"等，它们和现代启蒙思潮相呼应，突出体现了中华美育精神的民族传承与现代推进。

梁启超的"大我"，是对其趣味精神的形象诠释。梁启超把趣味视为美的本质与本体，即以"知不可而为"和"为而不有"相统一为内核的"不有之为"的大美生命意趣。趣味的人乃大化化我之人，是"大我""真我""无我"，是实现了个体、众生、宇宙"进合"的艺术化的人，是将人生的外在规范转化为主体的情感欲求的达至生命胜境的大美之人。1918 年，梁启超写作发表了《甚么是我》一文，专门讨论了对"我""我的""我们""小我""真我""无我""大我"之理解。在他看来，没有"无我"，就不可能超越"我的"。但他的"无我"，又不是不要"我"，也不是无视"我"，而是倡扬"大我"，准确地说是不执成败、不忧得失的大化化"小我"之"大我"，这与他所主张的"进合"论统一了起来。梁启超吸纳佛学智慧，以佛化儒道，认为肉体的"我"是最低等的"我"。"我"可以通过文化化育，不断"进合"，层层升华，最终实现自我超越。故"化我"之"大我"才是"真我"，是"我"的生命本真与终极归宿。他说："此'我'彼'我'，便拼合起来。于是于原有的旧'小我'之外，套上一层新的'大我'。再加扩充，再加拼合，又套上一层更大的'大我'。层层扩大地套上去，一定要把横尽处空竖来劫的'我'合为一体，这才算完全无缺的'真我',这却又可以叫做'无我'了。"[1]"无我"的趣味精神是梁启超的美之基石,也是梁启超美育思想的核心命题。在中国现代美育思想史上,梁启超第一个明确提出"趣味教育"的概念,强调以艺术美育为主要途径,辅以自然、劳动等多样方式,涵养趣味化的人,实现生活的艺术化。值得注意的是,梁启超的"趣味化"的"大我",是兴味与责任相统一的"我",是个体与社会、自我与宇宙和谐和合的"我",也是创造与欣赏在实践践行中直接同一的"我"。梁启超曾说:"人类固然不能个个都做供给美术的'美术家',然而不可不个个都做享用美术的'美术人'。"[2] 20世纪初年,梁启超以"美术家"与"美术人"的对举,富有远见地提出了人人成为"美术人"的美育愿景,突出了美育的人文底蕴和价值向度,也突出了对生命审美化的"大我"意趣之期许。

王国维较早从域外引入与绍介美育。王国维一直被看作中国现代无功利主义美学的代表人物。实际上,他虽受叔本华、尼采、康德、席勒等影响,以艺术形上学为人生之解脱,但他从未把唯美化的超然物外看作艺术和美的终极追求。他以真情、德性、胸襟、人格等为前提,标举"境界",弘扬"大文学""大诗歌",推崇"大诗人""大词

---

[1] 梁启超著,夏晓虹辑:《〈饮冰室合集〉集外文》中册,北京大学出版社2005年版,第767页。
[2] 梁启超:《饮冰室合集》第5册文集之三十九,中华书局1989年版,第22页。

人"，探索艺术之美与人生之美的融通。何谓"大词（诗）人"？王国维以为，"大"不仅是拥有艺术的技巧技能，关键是有着生命之境界。他以东坡、稼轩为例，认为若"无二人之胸襟而学其词，犹东施之效捧心也"[1]。他把艺术视为生命的写照与存在方式，艺术的美境乃生命追求之标杆。他以"三种之境界"来比喻艺术和生命不断追求、层层奋进、渐次提升的三个阶段，以此为古今之成大事业、大学问者的必由之径，而"此等语皆非大词人不能道"[2]。王国维慨叹："美之为物，为世人所不顾久矣！"[3]他痛惜国人缺乏"审美之趣味"，只知"朝夕营营，逐一己之利害而不知返"。[4]因此，他对艺术与美的思悟，也是对学问与事业、对生命与人生的感悟。正是在这个意义上，他认为孔子思想的美育底蕴与席勒的美育理想，在对美的"无用之用"和"有用之用"的联系上，是有相通之处的。"大词（诗）人"，不仅是王国维心中的伟大的艺术家，也是实现了有我与无我、出与入的自由超越的审美化的人。

丰子恺是中国现代美育的重要倡导者与践行者。他提

---

[1] 王国维:《人间词话》，载《王国维文集》第一卷，中国文史出版社1997年版，第152页。
[2] 王国维:《人间词话》，载《王国维文集》第一卷，中国文史出版社1997年版，第147页。
[3] 王国维:《孔子之美育主义》，载《王国维文集》第三卷，中国文史出版社1997年版，第158页。
[4] 王国维:《孔子之美育主义》，载《王国维文集》第三卷，中国文史出版社1997年版，第158页。

出"最伟大的艺术家",就是"胸怀芬芳悱恻,以全人类为心的大人格者"[1],这才是"真艺术家"[2]。他最鄙夷"小人"。"小人"不是指年龄之小,"小人"也不是那些尚存天真的"顽童",而是那些爱美体美之心蒙垢的"虚伪化""冷酷化""实利化"的成年人。丰子恺说,生活是"大艺术品",绘画、音乐是"小艺术品"。他主张通过艺术审美教育,把美的精神贯彻到生活中,涵育"生活的大艺术品",涵育趣味化的真率的"大艺术家",实现"事事皆可成艺术,而人人皆得为艺术家"[3]的美育理想。

方东美是新儒家的代表人物之一。他的美育思想突出体现了传统儒家以文化人的大美育理念。他说,"天大其生","地广其生","合天地生生之大德,遂成宇宙"。[4]他认为中国文化的"天人合一说",就是"把宇宙和人生打成一气"[5],"这种宇宙是最伟大的、最美满的"[6];"人的小我生命一旦融入宇宙的大我生命,两者同情交感一体俱化,便浑然同体浩然同流"。[7]方东美以"广大和谐"来阐释宇宙

---

1 丰子恺:《桂林艺术讲话之一》,载《丰子恺文集·4》,浙江文艺出版社、浙江教育出版社1990年版,第16页。
2 丰子恺:《艺术与艺术家》,载《丰子恺文集·4》,浙江文艺出版社、浙江教育出版社1990年版,第403页。
3 丰子恺:《艺术漫谈·序》,载《丰子恺文集·3》,浙江文艺出版社、浙江教育出版社1990年版,第293页。
4 方东美:《中国人生哲学》,中华书局2012年版,第39页。
5 方东美:《中国人生哲学》,中华书局2012年版,第38页。
6 方东美:《中国人生哲学》,中华书局2012年版,第39页。
7 方东美:《中国人生哲学》,中华书局2012年版,第161页。

精神和生命精神，倡扬"大人"之涵成。"大人"是方东美理想中的"全人"（perfect and perfectied man），是"尽己之性、尽人之性、尽物之性"的"至人"。[1] 他引《周易》之"夫'大人'者，与天地合其德，与日月合其明，与四时合其序"[2]，认为"大人"乃知性人、德性人、宗教人、艺术人合一的行动人，是真善美和融的诗意化的"时际人"和"太空人"，也是与天地同心之"大诗人""大音乐家""大艺术家"。"大人""大诗人""大音乐家""大艺术家"，词异而意通，诠释了方东美以精神美成践形于世的美育致思。

三

大美之根本，在于对中华民族生生不息、与天地大化浩然同流的生命气韵与精神气象的激扬赏会。中华美育的大美意趣，最终体现在对大美生命的涵育上，体现在真善美和融正大的人格化成上，体现在小我大我汇通进合的自由升华上。但"大"在中国古典美育中，因为与道德、天道等的纠缠，其作为美育范畴的功能并未得到充分发挥。20世纪上半叶，随着中国现代美学的理论自觉，"大"的话语建构和理论内涵得到了丰富推进，特别是与"新民"的时代命题相结合，在确立"情"的核心地位的基础上，

---

[1] 方东美：《方东美先生演讲集》，中华书局2013年版，第26页。
[2] 陈戍国点校：《四书五经》（上册），岳麓书社2002年版，第143页。

"大"美阐发聚焦主体人格刚健、精神浩然、生命正大等美趣意象,突出了美育的道德向度、崇高向度、自由向度等。

大美弘扬了美育的道德向度,是对主体共情能力的激发。审美主体对道德律的体认,是对自然律把握的道德升华及其情感体认,大美的生成须由主体从道德体认超向情感体认,即由道德知性通达道德美感,而生成刚健超旷的情感认同和浩然正大的情感愉悦。朱光潜指出,"道德家的极境,也是艺术家的极境"[1]。大美基于大爱。小我之展拓扩张,援物入我,援他入我,爱我及他。身之小我,爱披众生。通宗会源的大美至情,俱兴于纵横灿溢的高趣艺象,迹化于生生不息的生命爱境。梁启超独具慧眼誉杜甫为"情圣",认为他常把"社会最下层"的痛苦"当作自己的痛苦"[2],以"安得广厦千万间,大庇天下寒士俱欢颜"的至情,抒写了大爱之美的正大辉光。丰子恺的画作将满溢的爱意和清致的美感相交糅,"物我无间,一视同仁",处处洋溢着美与爱的主题,浸透着"对人和生命的最深切的关怀"[3],体现了绝我不绝世的清雅超旷的大爱大美。

大美弘扬了美育的崇高向度,是对主体共情能力的锤炼。刚健超旷的大美,激扬着崇高的意趣,但不能把大美

---

[1] 朱光潜:《谈美》,载《朱光潜全集》第二卷,安徽教育出版社1987年版,第77页。
[2] 梁启超:《饮冰室合集》第5册文集之三十八,中华书局1989年版,第41页。
[3] [挪威]何莫邪:《丰子恺——一个有菩萨心肠的现实主义者·序》,张斌译,山东画报出版社2005年版,第5页。

与崇高美直接画等号，也不能将大美与和谐美截然对立。大美、崇高、和谐，既有对立要素的冲突与超越，也有多元要素的融通与升华。中华文化之"大"，乃万源归一；中华文化之"和"，乃和而不同。大有根，和存异。没有矛盾冲突，就没有同一和谐；没有相辅相成，就没有诗意升华。有限之小我与无限之大我，在大美生成中冲突与和解，最终实现了小我的超越与诗性。梁启超以"进合"来诠释"大我"的这种超越与升华，高度肯定了悲剧精神的崇高品格与大美意趣。他高度赞赏屈原"All or nothing"的人格美，指出屈原"最后觉悟到他可以死而且不能不死"，是拿自己的生命去殉改造社会的高洁热烈的"'单相思'的爱情"，"这汨罗一跳，把他的作品添出几倍权威，成就万劫不磨的生命"。[1] 在他笔下，屈原既是伟大的诗人，也是大写的人。

大美弘扬了美育的自由向度，是对主体共情能力的升华。大美是纯粹之大无畏、大涵融、大自由的美。"大雄无畏。"[2] "惟大英雄能本色。"[3] 美的实践主体，纯粹刚健而自由辉光。他向最高本体提升又践行于生命自身，非彼无我，一体俱化，同情交感，至纯至善。空灵超脱的艺术世界、巍然崇高的道德世界、澄明莹彻的真理世界，迹化于

---

[1] 梁启超：《饮冰室合集》第5册文集之三十九，中华书局1989年版，第66、67页。
[2] 方东美：《生生之德》，中华书局2013年版，第331页。
[3] 朱光潜：《谈美》，载《朱光潜全集》第二卷，安徽教育出版社1987年版，第92页。

鲜活烂漫的生命世界。即小而即大，至实而至虚，无所不容而无所不可容。健进通贯，至真至纯，无畏自在。这种纯粹大美的境界，也是中华文化自古以来向往的生命审美化、人生艺术化的自由境趣。正如朱光潜所言，"伟大的人生和伟大的艺术都要同时并有严肃与豁达之胜"[1]，"无所为而为的玩索是唯一的自由活动，所以成为最上的理想"[2]。唯纯粹而至大，唯无畏而至大，唯涵融而至大，唯自由而至大。创造与欣赏，看戏与演戏，出入自如，是谓"谈美"。朱光潜感叹，在最高的意义上，美与真与善并无区别。走向大美，正是走向伟大的人生，走向生命的纯粹与自由。

四

在当下实践中，传承弘扬中华美育的大美意趣，具有重要的现实意义和针对性，对于培养艺术家高洁的审美趣味和刚健的精神境界具有积极的引领意义。习近平总书记在谈到改革开放以来我国的文艺创作时，批评了"调侃崇高""低级趣味""形式大于内容"等现象。[3] 文艺界的有识之士也呼吁当前艺术活动要正视"喧嚣、浮躁、浅薄化、空心化、形式化、游艺化"等现象，反对"奴颜媚骨""市

---

[1] 朱光潜:《谈美》，载《朱光潜全集》第二卷，安徽教育出版社1987年版，第94页。
[2] 朱光潜:《谈美》，载《朱光潜全集》第二卷，安徽教育出版社1987年版，第95页。
[3] 习近平:《在文艺工作座谈会上的讲话（2014年10月15日）》，人民出版社2015年版，第9页。

侩气息""拜金主义"诸情状,关注"中华民族精神的矮化,中华民族风骨的软化,乃至中华民族生命力的退化"之忧患。[1] 弘扬大美,是对艺术风骨精神的呼唤,是对旖靡媚俗、追名逐利、形式至上的反拨、超越、审思。

大美是对旖靡媚俗的反拨。先秦汉魏,中华文化不乏雄健之风。初唐盛唐,亦多雄健气象。但很久以来,西方世界包括我们自己,渐渐忘却了中华文化的阳刚之美,放大了温柔敦厚、蕴藉柔美的气息,甚至渐成民族文化的标记。这种偏至,在中国文学史上,曾漫衍出种种偏狭和病态的趣味。梁启超曾指出,中国韵文的表情法历来"推尊蕴藉,对于热烈磅礴这一派,总认为别调"[2]。而就中国文学对女性审美的病态,他更是予以了辛辣批评:"近代文学家写女性,大半以'多愁多病'为美人模范","以病态为美,起于南朝,适足以证明文学界的病态。唐宋以后的作家,都汲其流,说到美人便离不了病,真是文学界一件耻辱"。[3] 这种病态趣味,在当代并未根绝,"娘炮""奶油小生"等称谓,就是对当代性别审美的病态异化的嘲讽与调侃。习近平总书记强调,文艺创作要"存正气""讲品位""有筋骨"。他指出:"有筋骨,就是作品要表现崇高的理想信

---

[1] 参见陆贵山《刻画新人形象 树立时代典型》,《中国文艺评论》2020年第6期。
[2] 梁启超:《饮冰室合集》第4册文集之三十七,中华书局1989年版,第93页。
[3] 梁启超:《饮冰室合集》第4册文集之三十七,中华书局1989年版,第127页。

念、非凡胆识和浩然正气","这种精神上的硬度和韧性,正是伟大的作家艺术家之所以伟大的根本所在,也是一切伟大作品之所以伟大的艺术质地。一部堪称优秀的作品,都应该有大胸怀、大格调、大气度"。[1] 习近平总书记先后提出"中华美学精神"和"中华美育精神",高屋建瓴地指明了以民族美学和美育的优秀精神传统引领当代艺术实践发展提升的深刻意义。王元骧谈到,席勒美育的内容包含"融合性的美"与"振奋性的美",前者"在紧张的人身上失去了它的自由",后者"在松弛的人身上失去了它的活力"。[2] 他认为,"美育问题近年来已引起学界普遍的重视并在研究上有了很大的发展",但"也存在某些认识上的不足",其中之一就是"以能否直接引起人的精神愉悦为标准,把美育等同于'美'(优美)的教育",而"美育并非只是'美'的教育"。[3] 他引席勒的观点"假如没有崇高,美就会使我们忘记自己的尊严"[4],进而指出"崇高感的审美价值以及它在美育中的地位一样,目前还很少为人们所认识"[5]。这类偏狭的认识,不仅影响了我们对美育的全面

---

[1] 中共中央宣传部编:《习近平总书记在文艺工作座谈会上的重要讲话学习读本》,学习出版社2015年版,第30页。
[2] [德] 席勒:《美育书简》,徐恒醇译,中国文联出版公司1984年版,第96页。
[3] 王元骧:《艺术的本性》,复旦大学出版社2016年版,第250页。
[4] [德] 席勒:《论崇高(II)》,载《席勒散文选》,张玉能译,百花文艺出版社1997年版,第107页。
[5] 王元骧:《艺术的本性》,复旦大学出版社2016年版,第262页。

理解，也影响了我们对优秀民族美育资源的发掘。推动中华美育精神的传承弘扬，发掘中华民族源远流长的大美意趣，对于拨正提升当代艺术实践的精气神，夯实提振艺术家"精神上的正能量"，在艺术创作中展现"大真大爱大美"，具有切实的意义。

大美是对追名逐利的超越。当代社会，商业化、市场化的冲击，拜金主义、极端个人主义的滋生，使得有些艺术家、评论家失却了艺术的情怀信仰，作品粗制滥造，评论吹捧抬轿，把创作和评论"当作追逐利益的'摇钱树'"[1]，投机取巧，沽名钓誉。有些艺术家只抒写一己悲欢，有些评论家脱离现实大众，他们的创作和评论缺乏大情怀、大格调，难以与民族同脉搏、与人民共呼吸，丢失了追求君子人格、鄙弃追名逐利的美好情操。大美要求艺术家具有博大的胸怀、高洁的情趣、高远的境界。"自我价值的过度膨胀、个人私欲的过度放纵，缺少理想和爱，难以与文艺的崇高追求合拍，也不符合人民的审美意愿，最终只能停留在粗鄙的境界之中。"[2] 当代文艺创作应积极回应时代发展的新态势，深入结合新的时代生活，创作出体现大胸襟、大情怀、大格调的生动文本，发挥好艺术审美教育的独特

---

[1] 习近平：《在文艺工作座谈会上的讲话（2014年10月15日）》，人民出版社2015年版，第9页。
[2] 中共中央宣传部编：《习近平总书记在文艺工作座谈会上的重要讲话学习读本》，学习出版社2015年版，第104页。

作用。[1]

大美是对形式至上的审思。从古典到现代,中华之大美从不以形式为要。孟子曰"充实之谓美。充实而有光辉之谓大"[2],他的"大"就是"充实"之内质与"光辉"之气象的统一。改革开放以来,西方现代形式主义思潮对我国文艺活动产生了一定的冲击,特别是"当前我们的一些文艺作品,沉醉于玩弄形式技巧,缺乏表现'心灵'的深度,致使作品沦为单纯的炫技表演"[3]。在文艺创作中,"单纯地、片面地、不问其他价值因素地去一味求'美',作品就容易变得苍白、流于形式、丧失精神"[4]。西方现代美学中的"美",很大程度上是指形式性的美,偏于感官观审的美,与之相联的美感通常指单纯的愉悦。这与康德美学将情与知意相区分所构建的判断力命题相联系,所以形式论者常将自己的鼻祖溯至康德。而黑格尔的艺术哲学,主要将"美"导向了艺术领域。他们的思辨,强调了美与艺术的独立品格,却有意无意疏离于美与人的现实关联,疏离于美向人生开放的实践品格,使得美在走向鲜活的人和鲜活的实践时,难以完全发挥其深刻的美育效能,难以充分

---

[1] 参见中共中央宣传部编《习近平总书记在文艺工作座谈会上的重要讲话学习读本》,学习出版社2015年版,第114页。
[2] 陈戍国点校:《四书五经》(上册),岳麓书社2002年版,第134页。
[3] 中共中央宣传部编:《习近平总书记在文艺工作座谈会上的重要讲话学习读本》,学习出版社2015年版,第33页。
[4] 中共中央宣传部编:《习近平总书记在文艺工作座谈会上的重要讲话学习读本》,学习出版社2015年版,第103页。

发挥美反哺主体、涵育心灵的独特作用。

今天，对包括大美在内的民族美育资源的梳理、发掘、辨析、阐发，是传承弘扬中华美育精神的重要基础工作。我们一方面要积极梳理这些资源的发展演化脉络，摸清自己的家底，挖掘自家的宝贝；另一方面要积极推动理论与实践的结合，推动优秀民族理论资源走向艺术实践、引领艺术实践，在介入实践中推动其创造性转化与创新性发展。

大我·无我·化我：中华美学的大美构象和现代进路[*]

一、大美与大我：中华美学的诗性本根和诗情向度

大美和大我，是中华美学最富标识性和民族特征的理论命题之一。其核心精神是对真、善、美和融的美感精神和知、情、意、行和合的美思意趣的诗性追求，蕴含了富有中华文化特征的审美价值理想和美学话语风范。

中华文化精神，聚焦于人，核心在人，问天问地乃是问人。这个人，既是个体具身的人，也是天人合一的人。中华文化的人，立基于宇宙大化之生生运演。人与宇宙大化、自然大道互生共成。中华美学既讲"天地有大美而不言"[1]，也讲"美不自美，因人而彰"[2]。理解中华美学，离不开对天地之道的哲悟，也离不开对人之自我的洞明，这与中华文化泛审美、泛人文的哲诗根性密不可分。中西美学

---

[*] 本文原载于《社会科学战线》2024年第3期。
[1] 陈鼓应注译：《庄子今注今译》，中华书局1983年版，第563页。
[2] 〔唐〕柳宗元：《柳河东集》下册，上海人民出版社1974年版，第454页。

都叩问美之根底，希望由美通往哲韵诗情。相较之下，西方经典美学更富哲韵之思，中华传统美学更尚诗情之趣。中国人的美，弥衍着温暖的人间情怀，蕴溢着不离烟火的人间诗情。中华美学关爱人，关怀人的生命，关切人的生活，关心人生存的精神本根。如果说"何为美"是西方美学的第一命题，那么中华美学既悦纳于"何为美"的认识论命题，更属意于"美何为"的价值论命题，并由此而通向人生审美之叩问。美何为？作为中华美学的第一命题，其中心，就是人生践履中主体之我，也即人之自我如何美成的问题。

美，不是现成的，是创成的；美的人，不是先在的，是涵成的。审美，是对于"我"这个作为人的生命主体而言的。美的生成，是美的主体对美的客体的赏悦和新创，也是对美的客体和美的主体的双向涵哺和再创。正是在审美创美的人生实践活动中，"我"之主体才生成为美之主体。事实上，这正是中华美学最内在、最本质、最富诗性的命题，也是中华文化最独特、最深刻、最富标识性的所在。唯此，美学不仅关系于美的知识和技能，更关切于人自我的生命和成长；它不仅与人的生命的感性维度直接关联，更从具体的、感性的生命悦乐通向某种更深沉、更悠远、更震撼、更高逸的生命所系，由此也将人的感性悦乐和诗性体味相贯通，滋养、提振、创化、超拔、美成人之自我。

在本源上，中华美学是价值论和人生论的美学，而非认识论和科学论的美学。"中国美学最为独特的品格就是对人与人生的重视。"[1] 在这个意义上，问美，不会仅仅停留于形式和技巧的具体层面。中华美学的美感旨趣，即小即大，即实即虚，即形即神，即动即静，即出即入，即无即有，由最具体、最鲜活之幽微，通至那个永恒正大的意义世界。美，在中华文化中，源自化生天地万物之大道。"天地有大美而不言"，不言美非不识美、不味美。"道为元一"[2]，美源自元道而归于大道。"天地之大德曰生"[3]，美，生生不息，生趣万姿；生机盎然，生意悠扬。美之道之德之韵之神，既体现了中华文化的美善一体观，也体现了中华文化的美真相应观，是从万物之根底和时空之本根上，去寻找美的根性、具象、尺度、理想，将至善之大道与至美之真人相和同，以大美涵濡主体、点亮主体、升华主体、生成主体，引领主体超拔小我、涵化大我。由大道而大美，由大美而大我，正是中华美学生生创进的诗意本根和诗情向度。

"道为大象。"[4] 大美由大我来具象。大我是无限而无待的。所谓"无限"，乃主体冲破物性时空的束缚，达成万物与我为一的旷逸，实现我之时空解放的自由无限。所谓

---

[1] 李天道主编：《中国古代人生美学》，中国社会科学出版社2008年版，第6页。
[2] 方东美：《中国哲学精神及其发展》（上），孙智燊译，中华书局2012年版，第126页。
[3] 陈戍国点校：《四书五经》（上册），岳麓书社2002年版，第201页。
[4] 方东美：《中国哲学精神及其发展》（上），孙智燊译，中华书局2012年版，第126页。

"无待",乃主体涵成无目的、无功利之高逸,冲破小我欲望得失的束缚,实现我之精神超拔的自由无待。大我的时空之自由无限和精神之自由无待,是我之自内而生的自我解放和自我超拔,是我之自觉、自醒、自成而自由,是自我的涅槃和再创。自由无限的生命创化和自由无待的精神悦成,是我之美成和大我之涵成的必经和必然。

回眸中华文化的历史进程,自我的强烈自觉与自醒,恰始于19、20世纪之交开启的中国社会的现实危局和现代进程。中国现代美学正是在这一前所未有的民族危机和现实苦难中孕生与发展的。生存的危机、思想的困局、精神的倾颓,使得中华文化既面临着诗教、礼乐等传统的断裂和消衰,也承受着理性、启蒙等西方新思新潮的涌入和撞击。中华文化的人文维度、诗性向度与西方文化的科学精神、理性思辨交汇会融,给中国现代美学带来了多维而丰富的滋养和多重的视野。血与火的时代,激扬着美的呐喊和情怀。"大我"正是在这样的场域中被唤醒和登场的,它与"大美"相激荡,与"大道"相回应,是以美点亮人生、点亮生命、点亮信仰的一种主体意态和诗性构象。"大我"的美思构象与美学命题,从一个重要的方面凸显了中国现代美学的精神和风范,是对美的价值精神的张扬和对理想主义的呼唤。

20世纪初,王国维吸纳叔本华、康德等西哲的思想,以艺术形上学为中国现代人生之救赎,强调审美的无利害性,弘扬无用之用的生命美境。1904—1906年间,他陆续在《教育世界》发表《〈红楼梦〉评论》《文学小言》《屈子文学之精神》等文，从艺术叩思人生，从作品论视角初步提出了"大著述""大文学""大诗歌"等概念，探掘艺术作品的美学、伦理学价值。稍后，1908 年，王国维在连载于《国粹学报》的《人间词话》中，延续了艺术与人生关系的叩思，并进而从主体论视角提出了"大诗人""大词人"等概念，探研艺术主体生命之审美涵成。王国维以"境"为"大"注脚，提出"有境界则自成高格"。"境"贵"情"、贵"气"、贵"忧生"、贵"胸襟"、贵"创意"、贵"赤子之心"。他认为"大诗（词）人"能造"自然之境"，亦能写"理想之境"；能"写有我之境"，亦能"写无我之境"。他强调"古今之成大事业、大学问者"经历之"境界"，非"大词人"不能道之；欲"写无我之境，此在豪杰之士能自树立耳"。[1] 王国维的"境界"—"无我"—"大诗（词）人"等关键词，不仅体现了他将美的境界、艺术的境界、主体生命的境界相汇融的致思路向，也体现了他对审美、艺术、人生追求的大美意趣，是中国现代美学"无我—大我—大美"之美思构象及其诗性进路的重要开启和话语范例。

与王国维相呼应，梁启超也是中国现代美学大我构象和大美意趣的重要开启者。相较于王国维对美的价值认知

---

[1] 王国维：《人间词话》，载《王国维文集》第一卷，中国文史出版社 1997 年版，第 142 页。

的高逸深刻和践行中的矛盾纠结,后期梁启超可谓彻底的知行合一之人生美论家。梁启超不仅主张"'美'是人类生活一要素","还是各种要素中之最要者",[1] 同时他身体力行,处处贯彻"生活的艺术化"之趣味精神,倡导在日常劳作、艺术、学问、游戏等具体活动中,创化和体味"知不可而为"和"为而不有"相统一的"无所为而为"的人生趣味美。梁启超说,不可能人人都成为以艺术为职业的"美术家",但应该人人都涵成具有趣味精神的"美术人"。"美术人"是梁启超对理想之"我"的一种构想。梁启超认为,"无所为而为"的纯粹趣味精神乃美之神髓,而美的情感乃趣味之内核。他提倡生活和艺术之实践贯通,主张通过艺术活动陶染人之美情、铸涵人之美趣,使人之"小我"在与众生、宇宙的"迸合"中"移人"化"我",成就"出世法与入世法并行不悖"的"顶天立地"之"真正自由"的"大人格"[2],涵成趣味化的至美"大我"。梁启超的趣美之思与王国维的境美之思,可谓殊途同归,互翼互映,都是将美学的理论叩思与美育践行相贯通,将主体大我的诗性生成与人生大美的趣境涵成相融通,凸显了中华文化的诗情哲韵和中华美学的承演掘进。梁启超的"趣味""迸合""美术人""大我"等关键词及其致思路向,也引领了

---

[1] 梁启超:《饮冰室合集》第5册文集之三十九,中华书局1989年版,第22页。
[2] 梁启超:《饮冰室合集》第5册文集之三十九,中华书局1989年版,第117页

中国现代美学"化我—大我—大美"之美思构象及其诗性进路。

"我"的美成，是大我的涵成，也是大美的创成。审美、艺术、人生的三维贯通，以美的艺术为标杆，以美的人生为旨归，所构筑的大我和大美共生的美思构象，随着中华美学的现代进程，逐步呈现出主体意识之自醒和理论话语之生发，是中华美学民族精神和民族风尚的重要现代呈现之一。20世纪上半叶，向培良、郭沫若、黎舒里、范寿康、朱光潜、宗白华、丰子恺、方东美等一批中国现代美学家、艺术家、文化人士，承王国维、梁启超之启和"无我""化我"之基本精神，从多角度和多层面，进一步触及、聚焦、探讨、丰富了"无（化）我—大我—大美"的核心命题。向培良提出，"人总要超脱小我的拘圈，而投入更大的范围里去的"[1]；"情绪之扩大升华，是人类惟一超升之途"[2]；人类若"不能创造形式"，就"不能组织情绪"[3]；制作、表现情绪，才能使个体情绪升华为更具共情效应的人类情感，从而"超越小我的限制，推展开来，及于

---

[1] 向培良：《人类艺术学（提要及绪论）》，载胡经之编《中国现代美学丛编（1919—1949）》，北京大学出版社1987年版，第172页。
[2] 向培良：《人类艺术学（提要及绪论）》，载胡经之编《中国现代美学丛编（1919—1949）》，北京大学出版社1987年版，第165页。
[3] 向培良：《人类艺术学（提要及绪论）》，载胡经之编《中国现代美学丛编（1919—1949）》，北京大学出版社1987年版，第172页。

全体"[1]。这就把大我、个体、情绪、情感、形式等问题勾连起来，是由审美化的形式组织来赋形情绪，陶涤情绪，规范情绪，使个体情绪得以具象、净化、升华、流动、传达。方东美说："每个人化除了小我，成了大我"；"在你、我及一切的人化除了隔阂时，成了生命的洪流"；这是"由生命的表面，进入生命的核心，再进入生命的根源"；这也是"使一切庸俗的人脱离庸俗而变成艺术家"。[2] 大我的诗成，内蕴着超越小己、超拔小我的旷逸、壮美、崇高，生成个体自我和宇宙精神合而为一的大美，这也是世界和人生的一种大和谐，是中国人由艺术看宇宙、味人生的一种大智慧。中国现代美学家们的共识是，个体情绪可以生成为超个体的诗意美情，由即时即地衍拓出时空延展，由具身即感衍超向诗情诗韵，这是小情向大情的衍展，是小我和大我的转换，也是大我和大美的互成。

大我与大美之互成，构筑了中华美学极富特色的主体与对象生生相成的诗性话语和现代进路。它是王国维笔下的"大词人""大诗人"和"大诗歌""大文学""大著述""大学问""大事业"之互成，是丰子恺笔下的"大艺术家""大画家""大人格者""大人"和"大艺术""大艺术品"之互成，是宗白华笔下的"大艺术家""大诗人"和

---

[1] 向培良:《人类艺术学（提要及绪论）》，载胡经之编《中国现代美学丛编（1919—1949）》，北京大学出版社1987年版，第165页。
[2] 方东美讲述，黄振华笔记:《人生哲学讲义》，中华书局2013年版，第120、128、127页。

"大优美""大同情""大精神""大文章""大宇宙"之互成，是方东美笔下的"大人""大诗人""大音乐家""大艺术家""大哲学家"和"大悲剧""大建筑""大雕刻""大肯定""大时代"之互成。方东美强调，中华文化"明道形上兼审美之惊奇感，深心领会，默识体验，与万物同享普遍生命，以是见天地之大美"[1]。中国人的美情美思，形上形下兼具，涵真蕴善达美，既与万物大道合一，亦与生生烟火和融。"从中国人看起来，没有理由看不起物质世界。"[2] 故中国人的美，从来不可能是唯美和粹美。"真之与善，实赅于美之中。"[3]"绝对之至美（真善具其中）"，乃"保合天地充实无垠之大美"。[4] 真善美之勾连贯通，从根本上筑就了大美和大我之始基。这就是中国人的哲诗美思。大美，不是凌空蹈虚；大我，不是遗世解脱。中国现代美学的大美和大我，恰恰来自民族之危难和时代之吁求，来自中国人的热血诗情和浴火诗心，来自苦难中激扬、超旷之灵魂。激烈的冲突和超旷的高致相磨荡，相协奏，让人神向仰之。而这，正是中国现代美学迄今惠泽后人之神髓。

---

1 方东美：《中国哲学精神及其发展》（下），孙智燊译，中华书局 2012 年版，第 351 页。
2 方东美：《方东美先生演讲集》，中华书局 2013 年版，第 12 页。
3 王国维：《教育家之希尔列尔》，载《王国维文集》第三卷，中国文史出版社 1997 年版，第 369 页。
4 宗白华：《形上学——中西哲学之比较》，载《宗白华全集》第一卷，安徽教育出版社 1994 年版，第 588 页。

二、无我与化我：中华美学的美思构象和现代铸创

如何认识"我"，是哲学中的基本问题之一，而如何美构"我"，则是美学中的核心问题之一。以知"看"世界，人在物之外，是谓理性；以情"感"世界，物我融一体，是谓诗性。前者乃科学之方法，后者乃美学之立场。物我的关系，物象和对境，关联了主体之于客体的出与入、有与无、小与大，是审美心境得以确立和审美诗象得以创构的枢机。审美活动中，主体之"我"如何观审自我、美涵小我、创化大我？物我关系的审美生成，是美之实践主体涵成之必经，也是如何由小我到大我，创化和体悦美的诗性大我的过程。中华文化和中华美学，都高度重视主体之"我"的美涵，崇尚大我之美情高趣至境。大我，拓衍出人之生命的深度、广度、厚度、纯度，是对小我的扬弃和超拔，亦是小我的涵濡美成。在中国现代美学话语中，大我之美构，非限一端。其最具典范性和影响力的，既有王国维式的"无我"，也有梁启超式的"化我"。王国维以"无我"引"小我"之律动逸升，梁启超以"化我"引"小我"之丰盈超拔。究其实质，都是对大我的美思构象和诗性铸创。

王国维的美论，以"无我"为"大我"之重要进路。王国维提出"境"为艺术之本，进而以"境界"为基点，将审美、艺术、人生三维打通，主张艺术家要以无利害性陶养自我生命之境界，涵成"大诗人""大词人"之襟怀，创造"大诗歌""大文学"之至境。他以艺术喻人生，倡

导"大学问""大事业"之美成。王国维的诗词"境界说"和审美"境界论",影响广远。应该说,王国维并不反对艺术"有我"。不管"有我",还是"无我",在王国维这里,均是艺术之情景交融、物我互映的美境。王国维认为中国古典词人以写"有我之境"为多,但非不能写"无我之境"。他特别指出,"无我"之境,唯"豪杰之士"而能"自树立"。可见"无我"之境,对王国维而言,是需要以一定的人格和襟怀为基石的。故王国维说,"有我之境"易写,而"无我之境"难摹;强调必经衣带渐宽之执守,才有眼界始大之美成,必有纯挚无我之赤情,才有大美至境之涵成。王国维在评论孔子的"审美之情"时说,"之人也,之境也,固将磅礴万物以为一,我即宇宙,宇宙即我也"[1]。艺术的我,审美的我,并非真的无情无我,而是与物为一,与他为一,超越小情小我,而成就"无人无我"之"大我"至境。他指出,这个"我"是"无欲之我"的"我",是"无利无害"的"我",是"无用之用"的"我",是"不随绳墨而自合于道德之法则"的"我",也是出入自在自由的"我"。[2] 王国维以采菊东篱、寒波澹起喻"无我之境"。他说:"无我之境,以物观物,故不知何者为我,

---

[1] 王国维:《孔子之美育主义》,载《王国维文集》第三卷,中国文史出版社1997年版,第157页。
[2] 王国维:《孔子之美育主义》,载《王国维文集》第三卷,中国文史出版社1997年版,第157页。

何者为物。"[1] 这种超越"以我观物"的"无我"立场，依然充盈真情深性，饱含悠悠慨叹。王国维倡导，此物此心，固终放下，唯以境言。王国维的深刻，在于将"无我之境"与"豪杰之士"相勾连。他明白，"无我之境"的美成，非云淡风轻可达；非真豪杰，不足以直面我欲和超越我执。无我的恬逸和旷怡，恰是超脱小我的物我为一之至美至境，非无我情，乃无我己。但王国维的"无我"，终为豪情惋叹。他以艺术观人生的"无我"洞思和从艺术返人生的"有我"纠结，是中国现代知识人士及其精神思致孜孜前行的真切足迹。"无我"作为中华美学诗性精神的典范具象之一，生成为中国现代美学话语谱系中一个重要的民族化理论命题及其话语表述。丰子恺由"绝缘"到"大我"、朱光潜以"出世"来"入世"，均可见王国维"无我—大我"之韵绪。

20世纪上半叶，与王国维"无我—大我"的进路相映衬，显具典范性和影响力的，首推梁启超的"化我—大我"之美思。在梁启超这里，"化我"呈现出一种英雄主义的浪漫色彩，它是主客之"迸合"，也是主体之"开心"，有情感的发动，有想象的展拓，有慧思的飞翔。它是"我"的一种化生无羁，也是一种具象的"大我"。梳理中国文化史，梁启超是较早明确叩思"我"之哲义和美意的中国现

---

[1] 王国维：《人间词话》，载《王国维文集》第一卷，中国文史出版社1997年版，第142页。

代思想家之一。他既在哲学和人生的层面考思"我",也在审美和艺术的层面探味"我"。梁启超说,肉体的我不是真我,真我是无数的小我层层扩大,"迸合"为一体,最终以"化我"而成"大我"。"化我"是梁启超对"趣味"人格的美思构象。在梁启超看来,"趣味"人格具有生命本真永动的"energy",不以个体自我的成败为执和得失为忧,而是淋漓尽致地纯粹而为(实践),这就是一种趣味化、艺术化的超功利的审美人格。永动的"energy"推动个体生命的纯粹之为(实践),从而在纵情大化中实现个体生命和众生宇宙之迸合与相契,达成个体生命的"知不可而为"与"为而不有"相统一的自由诗性,创化并尽味生命"化我"之酣畅美趣。"趣味"作为梁启超美学的核心词,并不是一般所言之乐趣,而是一种个体生命在尽己之"为"、勉力"做事"的具体践履中所体味到的生命至趣,也是个体生命超越"小我"之成败之执和得失之忧后的"化我"之至乐。在梁启超的视野中,"真我"是"小我"与众生宇宙迸合而化生的"大我",也即趣味的我。他把"化我"视为涵化"大我"和"真我"之径。20世纪初,梁启超就发表专文对"我""我的""小我""我们""真我""无我""大我"等概念予以辨析[1],指出"我""我的""小我"均须超越肉体生命的局限和成败得失的执念,通过精神生命的"迸

---

[1] 梁启超著,夏晓虹辑:《〈饮冰室合集〉集外文》中册,北京大学出版社2005年版,第765—768页。

合"而达成大化化小我的"真我""无我""大我"之美趣。"化我"与"进合",实际上正是梁启超趣味生命涵成的一体两面。梁启超认为,肉体和精神对人而言,精神更具重要且本质的意义。人的精神生命关联于人格和文化,其分量大小实与人格之高低、文化之深浅成正比。而纯粹肉体的"我",不能算作"真我"。梁启超将肉体的"我"分为四等。最低一等,就是纯粹肉欲的"我"。这种"我"只是"物"而已,它完全受生命时空度量的限制,往往停留于"极端利己主义"之层面,为了满足一己之"我"的物欲,可以不择手段。再往上一等的"我",开始扩大,扩大到爱"家",有"家"才有完全意义上的"我"。第三等的"我",则进一步扩大到爱"国",将"国"变成"我"的。有"国","我"才完整。第四等,也即最高一等的"我",那就是把一己之生命扩大到"天下众生",让万物众生合为一个"我",也就是我的终极"进合"和整体化生。我一步步往上攀升,层层"进合",正是对个体物质生命的超拔和解蔽。梁启超强调,只有在精神的层面上,个体的人才具有普遍性,即"这一个人的'我'和那一个人的'我',乃至和其他同时千千万万人的'我',乃至和往古来今无量无数人的'我',性质本来是同一"[1]。也只有在这个意义上,物质个体的"我"才不可能将自己和众生宇宙隔开。

---

[1] 梁启超著,夏晓虹辑:《〈饮冰室合集〉集外文》中册,北京大学出版社2005年版,第767页。

这同性质的此"我"彼"我",进合—扩充—再进合—再扩充,一层层套上更大的"大我",如此定能把"横尽处空竖尽来劫的'我'合为一体",而这个"我",既是完全无缺的"真我",又是那个至纯至美的"无我"。[1] 梁启超以儒为核,儒、道、佛圆融和化。利我、利他在梁启超这里并不矛盾,创造和欣赏在他这里亦非两端。梁启超主张的是,既不执着"小我",也不否弃"小我";既不标举"利我",又不简单主张"利他"。梁启超由"化我"到"大我"的美思进路,也可看出柏格森生命哲学和康德情感学说等西方现代思想的影响。值得注意的是,梁启超对生命精神的认知,在中国式"生""仁"等传统伦理尺度中,也汇融了康德意义上的"情"和柏格森意义上的"力"。这正构筑了梁启超式的"不有之为"的美趣理想,呈现出一种"出世法"与"入世法"并行和融的"中国人的特质"。[2] 一种"责任"与"兴味"的统一,一种在入世中超拔的生命意趣,塑造出一个智慧而诗性的"化我—大我"之美象。化"小我"而超拔为"大我",这也是成就"真我",化衍"春意"。应该说,"化我"之美感向度与"无我"一样,实质上都内蕴了崇高之意趣。因为只有个体生命化除小我,才能成就与众生宇宙进合的大化之境。因此,"化我"正是从扬弃小我、

---

[1] 梁启超著,夏晓虹辑:《〈饮冰室合集〉集外文》中册,北京大学出版社2005年版,第768页。
[2] 梁启超:《饮冰室合集》第5册文集之三十九,中华书局1989年版,第119页。

牺牲小我开启的。而正是在这种扬弃和牺牲中，人类之小我超越了个体的限定，融入更为博大的时空创化与意义前行中。小我之生灭，也是人类之生息运演。化我，正是一种主动的、自觉的生命能量的重构，是生命与生命更好地向美生长。梁启超的"化我"之思，突出了美的生命生成的内在冲突及其历史逻辑，突显了创生和赏悦之合一，这正是他的"化我"思想的核心和特色，是对重践行和重认知的中西传统美学方法论的一种弥合，也是对中国古典美学重在和谐美感的一种衍拓，掘发了在冲突中达成多元张力的内在和谐美。梁启超把艺术之力视为涵濡小我、化生大我之利器，主张以艺术情感教育和审美趣味教育为主要途径，推动主体大我的涵化诗成。他反对唯美纯艺之狭地，倡扬把大美之生成和大我之化成引入艺术创造和人生践履互成的广阔天地。"化我"是中国现代美学话语谱系中与"无我"相映衬的另一富有民族化特质的理论命题和话语表述。宗白华的"扩张"小我，方东美的"浃化"人我，均可见梁启超"化我—大我"之思趣。

在中国现代美学话语中，"大我"的美思构象，是具有共性意趣的理想诗象。它不只依凭认知或省思，更具成于美的自由实践及其诗性创化，是"我"之主体创美、审美的诗象之果，也是"我"对自我生命的诗象美成。方东美从哲学视角切入，提出"整个的宇宙就是精神与物质的合体，甚至是精神与物质的化境"，"真正中国人是此生此世的人。我们的理想境界仍然是现实世界上空灵的化境，我们的德业依旧是现实世界上伟大的努力"。[1] 他以"援人入我"[2]和"人我契合"为"浃化"之径[3],主张涵养生命之"大心"[4],涵铸"诗人的气质"[5]。向培良从人类学视角切入,提出"人之所以为人,就在于他的精神范围,不以个人底小我为极限,而能够与人类底大我从内面联为一致","从儿童到成人,精神的境界一天天扩大,则小我的拘牵亦日渐轻淡。……从现实世界解脱,就是精神的灵光,不再为小我的利害所限制,而求取无限的活动"。[6] 在他看来,"艺术者就是与个人主义最相反对的行为"[7],"创作能逐渐改造我们的人格,使之趋于更深厚更伟大"[8]。黎舒里说,"美是一种人的力量"[9],"是一个不自私的感受"[10],它"不为不正常

---

[1] 方东美:《中国人生哲学》,中华书局2012年版,第27页。
[2] 方东美:《生生之德》,中华书局2013年版,第48页。
[3] 方东美:《生生之德》,中华书局2013年版,第50页。
[4] 方东美:《方东美先生演讲集》,中华书局2013年版,第39页。
[5] 方东美:《方东美先生演讲集》,中华书局2013年版,第69页。
[6] 向培良:《艺术本质论》,载胡经之编《中国现代美学丛编(1919—1949)》,北京大学出版社1987年版,第280、282页。
[7] 向培良:《艺术本质论》,载胡经之编《中国现代美学丛编(1919—1949)》,北京大学出版社1987年版,第280页。
[8] 向培良:《艺术创作论》,载胡经之编《中国现代美学丛编(1919—1949)》,北京大学出版社1987年版,第483页。
[9] 黎舒里:《美的理想性——美的性质的孤立的考察》,载胡经之编《中国现代美学丛编(1919—1949)》,北京大学出版社1987年版,第62页。
[10] 黎舒里:《美的理想性——美的性质的孤立的考察》,载胡经之编《中国现代美学丛编(1919—1949)》,北京大学出版社1987年版,第68页。

的偏见所蒙蔽"[1],"不计较结果的收获,也不计较起初的付出"[2]。范寿康认为,这种"在美的观照中的自我,是超个人的自我","是从自我中解放自我,同时又是从其他一切的观念中解放自我"。[3] 宗白华强调,美使"小我扩张而为大我"[4],这个"我","他自己就是自然,就是世界,与万物为一体"[5];我"要把全人类的苦乐堆积在我的胸心",把"我的小我","扩大成为全人类的大我"。[6] 这个美成之大我,与他我和同,与万物无间;同情、同心、同神,与天地同化。此象此境,此意此趣,超然物我,道器不隔,大美在我,无我化我。

三、向美而生与大我诗成:中华美学的现代进路和民族哲韵

"我"之美成,不是物性的解放,不是外来的拯救,不是宗教的解脱,其内核是人之主体生命的自主创化与自由

---

[1] 黎舒里:《美的理想性——美的性质的孤立的考察》,载胡经之编《中国现代美学丛编(1919—1949)》,北京大学出版社1987年版,第69页。
[2] 黎舒里:《美的理想性——美的性质的孤立的考察》,载胡经之编《中国现代美学丛编(1919—1949)》,北京大学出版社1987年版,第69页。
[3] 范寿康:《美的观照》,载胡经之编《中国现代美学丛编(1919—1949)》,北京大学出版社1987年,第34页。
[4] 宗白华:《歌德之人生启示》,载《宗白华全集》第二卷,安徽教育出版社1994年版,第8页。
[5] 宗白华:《歌德之人生启示》,载《宗白华全集》第二卷,安徽教育出版社1994年版,第8页。
[6] 宗白华:《歌德之人生启示》,载《宗白华全集》第二卷,安徽教育出版社1994年版,第4页。

赏悦，是生命创构与赏悦的统一，是生命自我的具体的、鲜活的向美生成，它通向的是一种整体性和张力性的自我超拔。生命的整体张力生成，是生命之肉体—心灵—精神的自我和谐及其整体涵升，它不是脱离肉身具体的，而是身—心—神的诗性化升。唯此，生命才能生成我之无我—化我—大我的自由诗性。走向无我—化我—大我，是由生物—肉身性的自我、物我、他我，走向心灵—精神性的真我、纯我、美我，这也是由小我走向大我。"我"之美成，其终极指向是创化大我，也是回到自我。唯此，它才既是大我，又不失自我；唯此，生命才既是生动的、具体的、多姿的、成长的，也是可以彼此赏悦的，是具有精神之柢里和人性之本根的。

"大我"之诗性美构，从其深层来看，潜蕴着主体对自我生命局限的切味和深悟。如何面对现实之"不可"，是不同哲学和美学思潮的重要分水岭。从中华文化源头看，孔子的态度是"知其不可而为之"，老子的态度是"为而不有"。前者以无畏来养大我，筑基于"知不可而为"的健行信念；后者以不执来忘小我，贯彻"为而不有"的超逸姿态。儒道互补，构筑了中华文化人格化育的最初底蕴。孟子主张"我"需养"浩然之气"，这个"浩然之气"以"至大至刚"为美，需有内在之"充实"和外在之"光辉"的协和，而涵成"万物兼备于我"的"大丈夫"之美。孔孟的"我"，突出了健进阳刚的气度。庄子则主张以"无人无己"而"游无穷"，是谓鲲鹏之"逍遥"；以"无用之用"

而尽用,是谓"万物与我为一"之"天然"。老庄的"我",流溢着超旷远逸的气韵。儒道的哲学和伦理言说,触及了生命的内外、有无、小大、成败、得失等辩证命题,希望个体生命跳出时空约束和现实局限。他们的"我"思,重视生命体验,强调知行合一,潜蕴着小我大我、有我无我诸关系之对立统一和相生相成的诗性哲意。中国现代美学诸家承中华文化之源,对话其时代语境,生成并聚焦"中国人的生命目的在完成大我"[1]之诗性命题。梁启超把"大我"之涵成视为"生命"畅扬之"春意",方东美强调"大我"是"我"之"生香活意"。在这些中国现代美学家的思想中,"大我"的美思美构,既是融入此身、此时、此地、此在的,又是超越此身、此时、此地、此在的。其美成之径,是"我"之身—心—神的一体贯通,是无我—化我—大我的诗性铸创,是爱我—悦我—创我—体我—美我之"我"与自我、他我、物我的身气相交、情韵相应、心神相通。故此,它也是人文主义与理性主义的对话、入世创悦对出世主义的反拨、现实践履对理想主义的回应。

大我,究其实质,是尊生,是弘生,是创生,它并不否弃小我的存在及其意义,而是小我的延展、扬弃、新生,小我的凤凰涅槃。具身的小我有时空的束缚,难以无限,无法永恒。超越小我,在物性的层面难以抵达,在知性的层面也难以解决,宗教和审美都是对这种超越的探索。宗

---

[1] 方东美:《中国人生哲学》,中华书局 2012 年版,第 217 页。

教是指向彼岸的信仰。审美是落在此岸的情怀。这亦是康德理想中的致美之道——脚踏实地而仰望星空。中国人深烙于血脉深处的美意，是身契烟火而心畅诗情。在中国人的美思美构中，小我与大我从来就不是截然对立的，而艺术和审美正是枢机和桥梁。宗白华曾以歌德为例谈道："当他纵身于宇宙生命的大海时，他的小我扩张而为大我，他自己就是自然，就是世界，与万物为一体。"[1] 他说："艺术的起源，就是由人类社会'同情心'的向外扩张到大宇宙自然里去"，"这时候，小我的范围解放，入于社会大我之圈，和全人类的情绪感觉一致颤动，古来的宗教家如释迦、耶稣，一生都在这个境界中"，而"诗人、艺术家，在这个境界中，无有不发生艺术的冲动"。[2] 这也是宗白华说的："由天地之大美，以达于道！泛神境！"[3] 天地万物，一气运化，同根于道，以致无穷，达真境，涵善境，至美境。自我、物我、他我、小我，尽己畅展，最终都将走向大我，创化大美。这样的大我大美，不是肤浅简单的官能悦乐，而是伴随着小己小我的扬弃，内蕴着精神的悲壮、旷逸、崇高。

中国哲学以宇宙大化为本，以生生之德为美。健动，乃生命本然。我，在生命进程中，总是要生机盎然，要生

---

[1] 宗白华：《歌德之人生启示》，载《宗白华全集》第二卷，安徽教育出版社 1994 年版，第 8 页。
[2] 宗白华：《艺术生活——艺术生活与同情》，载《宗白华全集》第一卷，安徽教育出版社 1994 年版，第 318—319 页。
[3] 宗白华：《形上学——中西哲学之比较》，载《宗白华全集》第一卷，安徽教育出版社 1994 年版，第 624 页。

趣勃发，总是要去追求更大的意义实现和更高的价值，这就是人之为生命的本然和应然。范寿康说："哲学是一种研究自我的学问，此地所谓自我，决不是指个人的自我，决不是指小我；却是指全体的自我，却是指大我。在你我个人的自我里面有你我各自所特有的感情、气质及其他各种特有的经验存在着，而这一种感情、气质以及各种经验都为造成你我个人的自我的基础。"[1] 徐庆誉说："人生惟一的企图，和惟一的欲望，是求'自我的实现'，和'自我的发展'；申言之，即是从'不完全'（Inperfect），达到'完全'（Perfect），从'有限'（Finite）进入'无限'（Infinite）。"[2] 这种对自我和大我关系的人文学考量，是哲学、艺术、宗教共同探索的基本问题之一。方东美说："迦萨《奥义书》（Katha *Upanishad*）中说：'阿特曼（Atman大我）是至小无内、至大无外的，潜藏在一切有生之物的心中。'"[3] 这里，方东美借庄子解奥义。庄子在《天下》篇中借惠施之口说："至大无外，谓之大一；至小无内，谓之小一。"[4] 作为新儒家的代表人物之一，方东美的思想汇通儒道，他以庄子至大至小的和合之道，释解"阿特曼"（Atman）——"大我"的精义。这个"大我"，以道家看，

---

[1] 范寿康：《哲学及其根本问题》，开明书店1930年版，第26—27页。
[2] 徐庆誉：《美的根本问题》，载胡经之编《中国现代美学丛编（1919—1949）》，北京大学出版社1987年版，第45页。
[3] 方东美：《生生之德》，中华书局2013年版，第272页。
[4] 陈鼓应注译：《庄子今注今译》，中华书局1983年版，第887页。

是契大道，消弭一切小我私心，丧我而冥齐物我，不役于物，与大道同体；以儒家看，是求至善，不只是小我生命的最大实现，也是连同一切人和一切万有生命，实现最充分的完成，参赞天地苍生之化育。这个无我（化我）—大我的进路，是"幻己作人"，"援人入我"，[1] 终至"人我两忘，物我均调"[2]。方东美强调，这个"我"，"不是人的这一点、人的那一点，更不是人的小数点；那是个真正的大人"[3]。而"小人只是一个人的小数点"[4]，是小我，是"唯我主义"[5]。方东美借中国传统儒道思想提出，人是起点，不是终点；大而化之，使人在精神上和天地契合为一，是所有文化涵人成人、追求精神自由的共通要义。中国现代美学家们的哲思，体现出超越时空局限和物性局限的共同理想和诗象化构。伦理意义上的人格美、美学意义上的生命美，均崇大我。后者伴随着纯粹的精神悦乐和诗意的生命自由感，它不是因为外在的伦理规制、理性强制而生成，而是因为生命的自由精神、内在情趣、诗性向度而涵成。无我、化我、大我的现代诗象，是王国维、梁启超笔下的屈原、杜甫、陶渊明，朱光潜笔下的吴季札、王徽之，宗白华笔下的歌德，方东美笔下的普罗米修斯，是美从外部规制回

1　方东美：《生生之德》，中华书局2013年版，第48页。
2　方东美：《中国人生哲学》，中华书局2012年版，第16页。
3　方东美：《方东美先生演讲集》，中华书局2013年版，第20页。
4　方东美：《中国人生哲学》，中华书局2012年版，第40页。
5　方东美：《中国哲学精神及其发展》（下），孙智燊译，中华书局2012年版，第439页。

到人自身，潜沉到人的生命底层，以情感贯通理性和道德的力量，终而成就人、体味人、活成人自身的过程。

中国现代美学将中华文化的人文哲韵和西方美学的观审思辨相糅合，激荡着与民族、与时代共脉搏的热血诗情，构筑了美学和美育共频的话语意趣。走向现代、汇融中西的中国式现代美学话语创构的关键是，知、情、意的统一如何可能和美的生命如何化成的问题。事实上，中国现代美学家大都受到康德美论的影响，以情之独立和美感之无利害性为旗帜，但他们的思致又大都叩问了如何在知行合一中涵成美情、统合知意的问题，这正是中国现代美学的突出特点和巨大贡献，也正是中国现代美学与西方美学对话的关键，是中华美学由古典向现代转型的突出成就和民族标识。在创美审美的鲜活人生实践中探研上述理论命题，正是梁启超、王国维、朱光潜、宗白华、方东美等中国现代美学家们的基本共识，尽管他们的具体观点不尽全同，甚至在某些方面还有差异或纠结，但这不妨碍"美情"化育和"大我"诗成的核心命题之探构。这一命题及其思致路径，作为中国化美学话语的现代建设和学理建构，迄今都有着重要、独特且深刻的意义。

从美情立根的大我，既是鲜活的具体的入世之我，也是形上的超拔的诗性之我。郭沫若主张："诗的创造是要创造'人'，换一句话说，便是在感情的美化（refine）。"[1] 范

---

[1] 宗白华等：《三叶集》，安徽教育出版社2006年版，第38页。

寿康提出，美情是一种生命情感的"美的深"[1]。冯友兰认为"其情都是对于宇宙人生底情感"[2]，"他的情与万物的情有一种共鸣"[3]。因此，中国现代美学家们亦赞成，"我们在这一种人格深处才能发出'人'来"[4]，才能生成作为人的诗性感受和自由意志。"无我"亦然，"化我"亦然，既是物我两忘而道通为一，又是物我共情而移情移人。情是它们的共通基础、共同核心和必不可少的内在桥梁。这个情既不是康德意义上思辨式的粹情，也不是我们日常生活中原生态的常情，而是在具体的美的实践中由日常混沌之情、思辨抽象之情经由审美之观审、创美之涵化，而升华生成的蕴真涵善之美情。美情，生成滋涵于审美创美之实践，既是鲜活具体的，也是滢澈洞明的。情的美化即美情的命题，是美学和艺术自身的本然命题。情，应美，可美，能美。美情之叩思和实践，使美学回向人。美的实践主体的美情创化，既是涵育我、美化我、升华我的美思探构，也是回到人的一种美育践行。我之美成，生生创化，无我化我，哲诗无间。由此，成就了中国艺术和中国审美的哲韵诗心，也成就了中华美学独特而深刻的民族诗情。

从美情立根的大我，既不去悬搁具身之"我"，也不

---

[1] 范寿康：《美的观照》，载胡经之编《中国现代美学丛编（1919—1949）》，北京大学出版社1987年版，第33页。
[2] 冯友兰：《南渡集》，生活·读书·新知三联书店2007年版，第97页。
[3] 冯友兰：《南渡集》，生活·读书·新知三联书店2007年版，第98页。
[4] 范寿康：《美的观照》，载胡经之编《中国现代美学丛编（1919—1949）》，北京大学出版社1987年版，第33页。

消解个体之"我"。哲学也叩思"我"。哲学中的"我",是恒定不变的"我"之本质,一种超个体的普遍人格和共通理性,它是恒善恒真的,但不是具体、鲜活、形象、可感可触的。日常生活中有"我"。日常生活中的"我",是具象个体生命的肉身、感觉、思维、意志等,是个体生命在具体时空中的行止、情绪、思想、情意等,但不一定具备普遍性与共通性。美的"我"或曰大我,是哲诗时空和现实时空的我之合一,是"我"的感性与理性、形下与形上、出与入、有与无的和融,他既是具象鲜活的"我",又是诗性超拔的"我"。西方文化传统,偏于灵肉二元,物我二分。中国文化传统,则道器不隔,形上形下兼济。与此相应,西方文化思辨理性突出,讲求逻辑与科学;中国文化则温情于人,温情于生。在中华文化和中华美学视野中,大我不仅是与他我的和融,也是与自然的涵契;既是入世的,又是超拔的。大我的生成可以是小我的展扩拓衍,也可以是小我的化成涅槃。庄子曾借尧和舜的对话,提出"美则美矣,而未大也"[1]的命题。他把"大"定义为"共美",是指"天地""道""无为"的自然呈现。这个大美,或曰共美,不是像舜所做的仅仅是对某一个人施善,也不是像里之丑人只是机械模仿西施颦眉之形。大我不否弃小我,不否弃个体的千姿百态和各异个性,也不是让小我出世逍遥,只追求个体的绝对自由。大我,是我的美情

---

[1] 陈鼓应注译:《庄子今注今译》,中华书局1983年版,第344页。

涵成和艺象诗成。在庄子那里，大我的生成是"我"由肉身到心灵到本体的归真，本体之"我"乃为真我——"真己"——体道合道之人。"自庄子看来，吾人之必须尽丧小我妄我，乃所以能复其大我真己也。大我真己非他，道本是也。"[1]这个大我真己，也即"真人""至人"，是那个最高意义上的我，也是最自然本真的我。大我，通于大道之本，又葆有自己最原初的本真，而非离己就众。无本真之我，即无大我，亦无大美。中国现代美学承中华文化之本根，梁启超强调"至诚"为美情之奥义，王国维强调"真味"为美情之关键，都是把具象鲜活又诗性超拔的真己之美情涵成，视为大我创化之核心。

从美情立根的大我，为美学确立了人生论的基点，它将真、善、美的三维关系及其践行纳入自己的视野。在20世纪初中国现代美学话语的发生中，伴随着西方文化的科学、理性等新思潮的涌入，中国古典美学偏倚美善关系的致思路径得到了拓衍和提升。同时，以康德等为代表的西方美学的静观、无利害性等学说，也在中西文化的对撞中给中国美学和思想界带来了强劲的冲击。真、善、美三维和合及其美情创化，正是在这样的时代语境和文化语境中，生成为中国现代美学话语的重要美论向度，在王国维、范寿康、梁启超、朱光潜、宗白华等诸多中国现代美学家的

---

[1] 方东美：《中国哲学精神及其发展》（上），孙智燊译，中华书局2012年版，第142页。

论说中，均有不同角度和层面的关切，而他们最终的目标，都指向了美的人生的建设和美的主体的涵成，从而与中国传统文化的美善统一论和大道至美论形成了呼应，显示了中华文化泛艺术、泛审美的人文根基及其始终萦绕执守的人生美育意向。雷家骏说，"至善"非"屈人从己"，而是"一己本性上必然的流露发挥"。由此，"艺术和道德相一致"。[1] 朱光潜说："道德家的极境，也是艺术家的极境。"[2] 中华文化相信，道德律源自天地人性，通至艺理美韵。这也构筑了中华美学由古典至现代的大道—大美—大我论的思致根基。从美善统一论出发，朱光潜进而明确提出了真、善、美的合一论。朱光潜主要以"情趣"的范畴来指析美的情感，强调通过情趣的陶养及其与意象的统一，来打通艺术、审美、人生的通衢。他说，"艺术是情趣的表现"，"每个人的生命史就是他自己的作品"。[3] 人生作为一种"广义的艺术"，"不但善与美是一体，真与美也并没有隔阂"，"'至高的善'在'无所为而为的玩索'"。[4] 朱光潜以真、善、美贯通和融的"我"之美象生成，来涵成"有情而无我"的美之主体，从而由我情而大情，由小我而大我，成就既

---

1 雷家骏编：《艺术教育学》，商务印书馆1925年版，第121、122页。
2 朱光潜：《谈美》，载《朱光潜全集》第二卷，安徽教育出版社1987年版，第77页。
3 朱光潜：《谈美》，载《朱光潜全集》第二卷，安徽教育出版社1987年版，第91页。
4 朱光潜：《谈美》，载《朱光潜全集》第二卷，安徽教育出版社1987年版，第95—96页。

能创造也能欣赏的"以出世的精神，做入世的事业"[1]的审美化生命。方东美把真、善、美和合之美情大我，看作象、哲、诗之合一，是哲意、诗情、生活合一的"我"，也是"宇宙与个人互逆双运，和合无间"的"我"。"由小我扩至大我，再至与宇宙精神合而为一"，这才"真到了美满的境界"。[2]徐复观认为"大画家的作品与画匠作品的不同"，"主系来自人生境界的不同"，[3]而"中国人做人，不仅仅从做人做起，而且要遵循道本"[4]。"道"作为中国文化的宇宙本根，也是中国文化的最高本真。由这，也把真的命题纳入小大之辨，与有限和无限、形下和形上、物和我、有和无、出和入等命题相统合，使审美、生命、时空、哲学、诗韵相勾连。方东美慨叹，这是中国人的一种天才和智慧，"中国人向来具有一种天才，凡是遇着有形迹、有障碍的东西，并不沾滞，总是把他们点化成极空灵、极冲虚的现象，我们知道如何在物理世界掩其实体，显其虚灵，世界真相因此而展现，'真'的领域因此而显豁，'善'的提升因此而完成，'美'的创造因此而实现，这正是我们中国人在智慧上所表现的特别本领"[5]。这种特别的本领和智慧，究其实质，不外是一种源自生命最深处的挚情与诗情，一种对于

1　冯友兰：《论风流》，载冯友兰著，王碧滢编《新人生论》，北京出版社2019年版，第106页。
2　方东美：《人生哲学讲义》，中华书局2013年版，第37页。
3　徐复观：《游心太玄》，北京大学出版社2009年版，第48页。
4　方东美：《中国人生哲学》，中华书局2012年版，第39页。
5　方东美：《中国人生哲学》，中华书局2012年版，第118页。

人生的温柔执守与诗意洞明,它是一种即时即地即在的爱意、赏味、创化、体审,它使得中国人的生命纵历万千途万般难,亦不会离却温暖的烟火四时。言无须言,观当自观。这"超个人的自我"[1],这个以美情立基并在美的实践中生成而生动着的境象,就是以情蕴真、涵善、立美的大道诗象。它因美情的活跃而生动,以美情的悦动为枢纽,借助美的实践这个特殊、具体、诗性的通道,来呈现和创化自己,来体审和悦味自己。

真、善、美一体统合,知、情、意、行和融兼济的美思美趣,是中国现代美学审美与人生互融、美学与美育并举的民族美学精神的基石和突出路向。它既承续了中华文化崇尚德性、重视心性、知行合一的精神传统,也在19、20世纪之交中国社会的大变革、大激荡中,吸纳了西方文化求真尚实、弘扬个性、肯定生命感性等新思潮、新方法。无善不言美,无真难立美。自我—大我—美我之涵成、无我—化我—大我之养成,不离人之主体生命的真善之内核。"无我"—"化我"—"大我","大成"—"大有"—"大人","大时代"—"大生"—"大美",这些中国现代美学的高频词,以突出的民族气韵、开放的时代气息、激扬的主体风尚,鲜明地体现出中国现代美学话语与现实相激荡、与时代共脉息的意趣风范。中国现代美学"我"之涵濡美

---

[1] 范寿康:《美的观照》,载胡经之编《中国现代美学丛编(1919—1949)》,北京大学出版社1987年版,第34页。

成的系列话语，以"无我""化我""大我"等为美思构象的系列表达，是中国现代美学最具标识度和典范性的民族话语之一，也是中华美学回向人、滋养人、解放人、超拔人的诗情哲韵的突出呈现，在中华美学民族精神的承演掘进和现代话语的创生建构中，绵绵瓜瓞，呈现出独特鲜活的中国心灵及其韵致风采，为当代美学的中国话语建构留下了富有生命力的重要启示。

中华美学精神的实践旨趣及其当代意义 *

中华美学有着自己丰富的思想资源和独具的精神特质。中华美学精神孕生于民族文化的深厚土壤，广吸博纳，传承新变，有着极大的包容性和强劲的生命力，不仅在文学艺术实践中，更在国人的生命和生活实践中，产生了广泛而深刻的影响。

20世纪初，西方美学东渐，其科学化、学理化的思维方法和理论形态，直接影响了民族美学的现代进程，但中华美学的核心精神并未消解，尤其是以人文意趣、美情意趣、诗性意趣等为内核的实践旨趣，绵绵瓜瓞，在艺术实践、美育实践、生活实践中产生了积极深刻的作用。与西方美学突出美的抽象本质命题和审美心理命题不同，中华美学重在将美与人的鲜活生命、与人的现实生活相关联，不仅在哲学和艺术的层面观审省思美，也延展至生命和生活的时空来创化体味美。20世纪上半叶，以王国维、梁启超、蔡元培等为代表的中国现代美学家，汇融中西，贯通

---

* 本文原载于《社会科学辑刊》2018年第6期。

古今，丰富拓进了民族美学的实践旨趣，特别是由古典美学的美善相济拓展为现代意义上的知、情、意、行合一，强化了中华美学创美审美兼济的鲜明而强烈的人生实践向度。但自20世纪50年代，尤其是80年代以来，唯西方美学是瞻和民族美学虚无的心态滋长蔓延，包括实践旨趣在内的优秀民族美学精神传统，未能得到很好的传承弘扬。

今天，重新发掘、研讨、阐释、总结中华美学精神的实践旨趣，既是对优秀民族文化精神的致敬，也是推动中华美学走向世界与人类美学对话互鉴，推动中华美学的创造性转化和创新性发展，推动实践创造与文化创造、历史进步与文化进步互动共进的积极尝试。

一

与西方美学精神突出的理论旨趣相比，中华美学精神最为突出的特点，就是其鲜明而强烈的实践旨趣。

西方美学的第一问题，即美的本质问题。它首先是以认识论的方法将美本身放置到独立的客体地位上来考察。古希腊柏拉图是最早叩问"美是什么"的人类思想先哲之一，虽然他没有为自己的问题找到答案。1750年，鲍姆加登第一个提出了"Aesthetics"（感性学）的学科构想，试图以科学的方法给予柏拉图"美是难的"以答案。鲍姆加登说："美，指教导怎样以美的方式去思维。"[1] 这个关于

---

[1] 朱光潜：《西方美学史（上卷）》，载《朱光潜全集》第六卷，安徽教育出版社1990年版，第326页。

"美"的问题的答案,从把握问题的方式来说,并没有偏离柏拉图的传统,仍然是一种认识论意义上的考察。康德可以说是真正意义上的西方经典美学的第一奠基人。康德第一次从学理上构建了关于人的心理的知、意、情(即纯粹理性、实践理性、判断力)三维理论框架,不仅第一次从理论上明确赋予"情"(美)与"知"(真)、"意"(善)同样重要的独立地位,也第一次将"美"与"情"从认知逻辑上建立了关联。康德将鲍姆加登的感性学导向了自己的美感学,但在方法论层面,他并没有脱离认识论的基本立场。由康德美学起,西方现代美学由柏拉图的美的神坛回到美的现实,美学研究的目标开始走向美的活动的主体——人,但这个"人"与其说是美的实践活动中的活生生的人,不如说是美的理论思辨中的抽象的人。建立在知、意、情三分基础上的人的独立的美感心理,抽象的是粹情(美)的问题——人对美的静观心理特征及其科学规律。康德自己也承认这种粹美或许只是理论的可能和理想的假设,为此他试图以理想美作为纯粹美的某种补充和调和。康德对于美学学科发展的巨大影响,正是对粹情(美)的抽象和假设,可以说,这不仅构成了整个西方现代美学的理论基石,也成为西方经典美学精神最为重要的内核——以知、意、情三分为前提的纯粹美感心理观照。这种美学精神使得西方经典美学突出了理论的、思辨的、心理的向度,突出了以审美静观为中心的理论建构模态。

  中华美学始终叩问美之于人的意义。它关注的不是美游离于人的纯粹理论问题，而是美与人、与人的现实生存、与人生存于其中的天地万物间的温情而又诗意的动态关联。这与整个中华文化泛伦理、泛审美、泛艺术的特点紧密相连。从先秦老、孔、庄始，我们的先哲首先叩问的不是"美是什么"的本体性问题，而是将自己的视野投向了"美何为"的价值性和目的论问题。他们不做静态的概念界定和抽象的理论思辨，而是从鲜活的人生实践来体味美、践行美。"天地有大美而不言""尽善尽美""美不自美，因人而彰"等，都体现了中国文化对美的价值导向。这种价值导向，突出强调了美的人生向度和德性向度，强调了美的生成不是静态封闭的，而是孕成于具体的生命活动和生存实践，即真、善、美的贯通及其美的实践生成。突出的实践旨趣，构成了中华美学精神显著而独特的标识之一，也是其区别于西方经典美学精神的重要特质之一。从这个特质来看，我们可以把中华美学称为行动的美学，它突出了美的生成创化及人与生活的直接对接。也正因此，美学的影响在中华文化中就远不只在自身，而是广泛渗入了中国社会的方方面面，介入了中国人的日常生活，参与了文化、哲学、艺术、心理、生活等多方面的建构。20世纪初，西方美学东渐，梁启超、王国维、蔡元培等现代美学先驱率先吸纳其逻辑范式、概念术语、话语形态等，但他们并未离开自己的民族精神土壤和社会现实语境，他们的美学建构体现了强烈的现实关怀和突出的实践意趣。梁启超的"趣味说"、王国维的"境界说"、蔡元培的"以美育代宗教说",从不同的角度承续发扬了民族美学的核心向度,即以美育人的人生实践旨趣,特别是"趣"和"境",可以说是中华美学精神的典范聚焦和重要标杆,与"格""骨""韵"等核心词相映衬,构成了中华美学精神风范风尚的立体图卷。

中华美学精神的实践旨趣,指向人的生命和生活,具有突出的人文意趣、美情意趣、诗性意趣。这也构筑了中华美学最为重要的理论内核,它不以严格的定义、严密的逻辑、完整的体系取胜,而是以开放、鲜活、生动、具体的特性,从理论勾连实践,从学理通达人生,在知(真)、情(美)、意(善)的三维构架上凸显了行之旨向,既呈现出中华美学精神实践旨趣的基本特征,也是中华美学贡献于世界美学的民族瑰宝。

二

中华美学精神的实践旨趣具有突出的人文意趣。

中华美学主要叩问于人自身,这使它将自己的最高目标不是锁定于美本体,而是人自身的美化。由此,中华美学精神的实践旨趣浸润着浓厚的人文情韵,关爱人,关怀生命,关注生活,关切生存,具体而微地透入了人的生命、生活、生存的方方面面,呈现出温暖浓郁的人生情怀。中华美学的这种人文向度,不仅离不开中华文化的大人文传统,也离不开中华文化泛伦理、泛审美、泛艺术的深层特质。中华文化是温情于生的,它并不着意从纯粹思辨去寻求人生真理，也不崇尚向彼岸世界去寻求生命解脱，而是倡扬天人合一、物我交融，倡扬对具体生活和鲜活生命的品味体认。这与西方经典美学以认识、思辨、理性、科学为核心的精神特点，构成了显著的文化差别。

中华美学精神的实践旨趣及其人文意趣，相对于西方美学的理论旨趣和科学意趣，应该说是更切近于美学自身之特性的。美学究竟是科学的还是人文的，实际上，无论中西，都存在着这两种特点和方法的交融。从中西美学的源头论，中国古典美学的传统更多偏向于人文，重情尚境，论味崇格，而西方美学的传统，既有黄金分割的理性尺度，也有灵感的先验尺度，甚至在柏拉图一人身上，就交织着双重的视野与方法。此后，鲍姆加登和康德的西方现代美学传统，则明显地倾向了理性和科学的尺度。而中国现代美学的传统，主要是中国古典美学传统和西方现代美学传统的叠加。20世纪上半叶的中国现代美学大家，基本上都没有抛弃本民族关于美的人文传统，但多多少少又都吸纳了西方美学的科学向度。这一点，像梁启超、朱光潜、丰子恺等都表现得较为显著。朱光潜直接提出了美、真、善的关系命题。关于朱光潜的美学，究竟是以科学性为主还是以人文性为主，学界一直有不同的看法。我更赞同朱自清和劳承万的观点。朱自清认为"人生的艺术化"是朱光潜最重要的理论[1]，劳承万认为"情趣"是朱光潜美学体系

---

[1] 参见朱光潜《〈谈美〉序》，载《朱光潜全集》第二卷，安徽教育出版社1987年版，第100页。

的聚焦点[1],他们两人都把"情趣"范畴与"人生的艺术化"命题勾连起来,来理解朱光潜以人生之美化为最高目标的美学思想的核心精神。我以为这种解读是抓住了朱光潜美学的神髓的。中国现代美学广泛吸纳了西方现代美学的理论品格和科学精神,但其根子上还是立基于民族美学的实践旨趣和人文情韵的,因此,诸如"人生(生活)的艺术化"等兼融审美、艺术、人生为一体的理论命题,几乎成为中国现代美学家们的共同命题。

中华美学精神实践旨趣的人文意趣,直接推动了美学的美育之维。中华美学自其始源起,就与美育紧密交融,这是中华美学精神最为突出的标识之一,也是中华文化精神的重要特征之一,如乐教的思想,从孔子、孟子、荀子到白居易、王夫之,浸润着中华文化、美学、美育思想的独特智慧。中华乐教的核心精神首先来自以天道化人文,天地阴阳之节律的变化与和谐就是乐之本体,它可以贯通于万物之运行,因此,诗歌、音乐的学习,并不需要抽离于人的生命活动和生活实践,这就构筑了中华美学也是中华文化内在的美育之维,使得它弥漫着突出的美善兼济的人文实践意趣。20世纪以来,这种浓郁内在的美育精神与启蒙精神相交结,使得美学成为中国文化现代进程中的重要先锋。从蔡元培的"以美育代宗教"到梁启超的"情感

---

1 参见劳承万《朱光潜美学论纲》,安徽教育出版社1998年版,第1—3页。

教育"与"趣味教育",都体现了中华美学精神这种实践旨趣与人文意趣的内在勾连,使得美学逸出了纯粹理论的、学科的话语体系,进入了社会的、文化的、人的多元视野和丰富世界。同时,中华美育实践的神髓,不只是关于艺术和美的知识技能的学习,还倡导由技达道,最终涵育人、改造人、影响人,提升人的整体生命境界。因此,中华美学的美育理想是富有深刻深沉的人文情怀的,它是中华美学精神实践旨趣具体而重要的呈现之一。

三

中华美学精神的实践旨趣具有浓郁的美情意趣。

美情是中华美学精神最为重要的核心标识之一。西方经典理论美学首先叩问的是"何为美"的问题,中华美学首先叩问的则是"美何为"的问题。针对前者,康德以知情意的天才逻辑建构,以情为美立基,构建了西方现代美学体系的先验理论基础。中华美学不以严密、系统的逻辑论证见长,从先秦以降,主要是在对艺术美、自然美、生活美等的具体品鉴中,来阐发自己的美感意趣和美学理想的。20世纪以来,中国现当代美学大师辈出,但客观来说,似不能够说是完全以中华哲学为根基的、系统的、形成高度共识的、明显区别于西方现代美学原理体系的民族化美学原理体系。但是,这不等于说中华美学没有自己的思想特点和理论特色。我以为,"美情"就是一个极具中华美学特色的概念与命题。"美情"强调了美学的情感理想和核心价值。它将美的实践活动中的"情"与日常生活实践中的"情"、科学认识活动中的"情"区别开来，突出了它独有的品质和独特的品格，赋予以情为中心的美的实践无可取代的生命本体意义。

"美情"之"美"，既是形容词，也是动词。"美情"既是不同于"常情"的美的情感，也是对"常情"的美的创化。中华文化泛审美的特点，使其从本源上就深蕴着"美情"的意向，不仅在根子上重视情，而且特别强调情之化育，注重美善相济，强调养情、涵情、正情、导情等对情感的本源意义和建构意义。"道始于情。"[1]"道"是中国文化哲学中的最高范畴，乃天地万物之本，把"情"视为"道"之始出，是对"情"的极高定位与认识评价。这个观点出自《郭店楚墓竹简》的《性自命出》一文。在此文中，还提出了"君子美其情""未言而信，有美情者也"[2]等观点。这大概是"美情"一词的最早典籍资料。虽然这主要是一种伦理哲学意义上的运用，但"情"需"美"可"美"的价值意向已显端倪。另外，它也佐证了中华美学从始源上即重美善兼济的精神意趣。同时，这种美情视角的开放性特点，也为中华美学精神的大美情怀奠定了某种始基。中华美学的美情观，从来不是只就情感论情感，不是康德

---

[1] 《简帛书法选》编辑组编：《郭店楚墓竹简·性自命出》，文物出版社2002年版，第3页。
[2] 《简帛书法选》编辑组编：《郭店楚墓竹简·性自命出》，文物出版社2002年版，第20、51页。

式的"粹情"将知、情、意予以先验切割,而是涵容真善,追求真、善、美的贯通。这一点,对于中华美学精神的建构发展来说,具有根本性的意义,在中国现代美学思想发展中渐趋自觉。中国现代美学诸家,包括王国维、梁启超、朱光潜、范寿康等,或是美情理论的直接建构者,或是美情思想的重要拥趸,引领了真、善、美贯通的美情观和大美视野。

中华美学精神实践旨趣的美情意趣,大大强化了美学与艺术的关联。美学精神是艺术精神确立的重要标准,是艺术理想建构的重要尺度,也是艺术情怀提升的重要滋养。美学精神和艺术精神的密切关联、相互激扬,是中华文化的重要特点。我国传统美学主要依托艺术来阐释,具有浓郁的艺术美学色彩,与西方的哲学美学、科学美学等特点具有显著的差别。美学精神构成了中国艺术的重要内核,主要体现为美的理想对于艺术的引领、反思、批判、介入等功能。情感是中国艺术的核心。中国美学与西方美学讲"粹情"重形式不同,它强调的是对于情感的审美创化。"美情"的思想,凸显了美学之于艺术的根本意义,也是中国艺术以美学精神来映照艺术精神、以美学精神来提升艺术实践的基本准则。情致、情韵、情调、情味、情趣等民族美学范畴,以情为中心,凸显了创造品鉴艺术而生成的那些既具体又朦胧的个体体验及其独特的美学品格。中华美学对情感美质的理想诉求,也引领推动着艺术去追求大情、挚情、醇情、逸情、慧情、趣情、高情等美的情感,从而更好地观审、照亮艺术实践，提升、建构美的艺术。

四

中华美学精神的实践旨趣具有深沉的诗性意趣。

中华文化具有浓郁的诗性传统。它不从纯粹思辨去寻求人生真理，也不向彼岸世界去寻求生命解脱，而是既深切于现实具体的生活，又神往于高远超逸的境界。崇尚天人合一，物我交融，有无相生，出入自由，从而构筑起既鲜活生动又高逸超拔的理想生命形态，深蕴着温暖的人生情怀和深邃的诗意情韵。老子是中国文化诗性精神的鼻祖，那个无形而有形、无为而无不为的"道"，是中国文化哲诗品性和人间诗情的突出写照，体现了中国文化哲学、伦理、审美密切交糅的独特性。孔子的"乐"、庄子的"游"，也都体现了这种物我相谐、有无相成、出入自由的诗性向度，成为中华美学诗性意趣的重要源头。

中华美学精神实践旨趣的诗性意趣，以物我、有无、出入之关系为核心，体现了动态的、张力的、超越的美思哲趣，这在中国现代美学思想中有着较为丰富具体的呈现，如朱光潜曾以看戏和演戏为例，探讨过个体生命如何建构入世与出世之诗性张力的问题。此文借莎士比亚语提出："世界只是一个戏台"，"戏要有人演，也要有人看"，[1] 也就

---

[1] 朱光潜:《看戏与演戏》，载《朱光潜全集》第九卷，安徽教育出版社1993年版，第257页。

是"能入与能出"的关系。朱氏认可"看与演都可以成为人生的归宿"[1]，但他更倾心于以"出世的精神"，"做入世的事业"[2]，在物我、有无、出入的两极冲突中，追求主体精神上的超有入无、以出导入，即以艺术的灵魂践行于人生。宗白华的美学是中国现代美学哲诗精神的典范之一。他深味生命之诗情，叩问"小己"与"宇宙"、"小我"与"人类"的关系。他以"生命情调"来象征个体生命和宇宙生命"至动而有条理""至动而有韵律"的矛盾和谐[3]，主张"全世界的生命"均应"得其环中"而"超以象外"，"回旋着力量，满而不溢"，[4] 而超入美境。唯此，艺术意境表演着宇宙的创化，艺术诗心映射着天地诗心。

中华美学精神实践旨趣的诗性意趣，有力引领了美学对生活的提升。美与生活的关联，在中国文化中有着悠久的传统。中国人的琴棋书画、衣食住行，都渗入了美的元素。自魏晋时代起，对日常用品、居家环境、衣食形貌等的审美品鉴，就见诸文人笔端。如《世说新语·容止》篇，就勾勒了何平叔、嵇康、王戎等若干男性的美姿美仪，形

1　朱光潜：《看戏与演戏》，载《朱光潜全集》第九卷，安徽教育出版社1993年版，第269页。
2　朱光潜：《谈美》，载《朱光潜全集》第二卷，安徽教育出版社1987年版，第5页。
3　参见宗白华《宗白华全集》第二卷，安徽教育出版社1996年版，第98、374页。
4　宗白华：《宗白华全集》第二卷，安徽教育出版社1996年版，第331、58页。

容他们面至白、双目闪闪、容貌整丽、爽朗清举、丰姿特秀等。书中叹美王羲之"飘如游云，矫若惊龙"，杜弘治"面如凝脂，眼如点漆"，[1]极尽生动传神。当然，此类嗜好，也有刻意讲求之嫌，甚至不乏恶俗之趣。比如，中国古代女性缠足，就是病态审美趣好的一种典型。再如，《世说新语》还记载了石崇家的厕所备有香粉香水，有十多个丽服藻饰的婢女侍候，客人如厕后脱下旧衣换上新衣才让其出去。刘义庆将此篇命名为《汰侈》，已经表明了作者的一种批判态度。中华美学精神的实践旨趣，不仅是引领美向生活的融入，也应该是引领美对生活的建构。它倡导的是一种生活主体的诗性美，即通过美的渗入，使主体建构对生活的一种张力尺度，而不致完全附丽于生活、陷溺于生活之琐细。这种诗性之美，正是美学提升生活的正能量。它通过美的精神对生活的照亮，推动作为实践主体的人在生活中持守诗意的品格和诗性的精神，不只局限于生活的形式追逐、技巧讲求、人际营构等，而是以身心的和谐与人格的升华为理想目标，建构高逸超迈的生命境界和心灵天地。

五

中华美学精神实践旨趣的精髓，是崇扬知情意行合一、创美审美兼济。

---

[1]〔南朝宋〕刘义庆:《世说新语》，浙江古籍出版社2015年版，第185页。

知、情、意的逻辑区分及其审美独立性的确立，是西方现代美学的精髓，也是美学学科创立的核心理论根基。但是，美学的人文性，使得它从来不可能离开鲜活的人及其具体的生存。事实上，抽离于人的实践活动的美学，只能在思辨的意义上存在，这一点康德就已警觉到，由此，康德在严密的理论思辨中，也提出了纯粹美和依存美的问题，意识到理论与实践可能存在的矛盾。西方现代美学有着从理论到理论的封闭特性，追求的是学理的自洽。与这种理论品格不同，中华美学自其始源，就一直向着人生开放，是人生哲思的有机组成。

20世纪初，西方美学东渐，直接影响了中国美学的现代转型和理论建设，但一批富有实绩和影响力的中国现代美学大家，基本上都没有脱离民族美学的基本品格，即关怀人生、关爱生命、关注生存的哲思情韵。这种富有民族情韵的美学精神在20世纪上半叶聚焦为一个极富代表性的命题，就是"生活—人生的艺术化"，它突出了知情意行统一、创美审美兼济的民族化追求，并对这种民族化的大美情韵进行了初步的理论探索和尝试建构。审美之观照，离不开创美之相谐。知、情、意之统一，亦需实践之践行化成。由此，中华美学始终强调了美的行动性、美内蕴的热度、美与实践的深切关联。

"生活的艺术化"这个术语并非本土原创，而是20世纪早期由田汉等从域外引入。目前可考的文献资料，大概是1920年2月，田汉在给郭沫若的信中较早使用到。田汉说:"做艺术家的,一面应把人生的黑暗面暴露出来,排斥世间一切虚伪,立定人生的基本。一方面更当引人入于一种艺术的境界,使生活艺术化(Artification),即把人生美化(Beautify)使人家忘现实生活的苦痛而入于一种陶醉法悦浑然一致之境,才算能尽其能事。"[1]他以当时的新剧《沉钟》为例,认为这部剧描写了艺术生活与现实生活的冲突,而艺术的精神当是超悲喜而入美境。田汉引入"生活的艺术化"概念,主要还是从西方唯美主义吸收的营养,不乏一种唯美式的痛楚与解脱。1921年,梁启超发表《"知不可而为"主义与"为而不有"主义》一文,也使用了这个术语,但从其精神上进行了民族化改造。梁氏以孔子的"知不可而为"与老子的"为而不有"来阐发"生活的艺术化",将"劳动的艺术化"与之并提,指出这就是要把"人类计较利害的观念,变成艺术的、情感的"[2],从而纯粹做事,破妄去妄,不执成败,不较得失。20世纪20年代,梁氏对此做了系列阐发,将侧重于艺术审美层面切入的"生活的艺术化"命题,转换为从整体人生实践层面切入的美学命题,推动了审美、艺术、人生有机统一的人生论美学视野的创构,以及对真善美、创美审美关系的实践考量。1932年,朱光潜发表《谈美》,专列"人生的艺术化"一节,延续并进一步发挥了梁启超的致思方向。"人生

---

[1] 宗白华等:《三叶集》,安徽教育出版社2006年版,第67—68页。
[2] 梁启超:《饮冰室合集》第4册文集之三十七,中华书局1989年版,第67页。

的艺术化"这一更具中国式的文字表述也日渐定型,影响迅速扩大。从"生活的艺术化"到"人生的艺术化",不只是文字上的细微变化,更是突出了价值的、反思的、建构的、引领的美学立场与文化精神。

伟大的艺术和伟大的人生是相通的。以美(艺)育人,以文(艺)化人,是中华文化和中华美学源远流长的优秀传统,从儒家的"六艺"到现代的"生活—人生的艺术化",无不展示了以美(艺)引领生命实践提升生存境界之神髓。"人生的艺术化",不仅是要以艺术的心境来观审生活,更要以艺术的品格来创造生活,这就勾连了创美与审美的双向通衢,弘扬了知、情、意、行的统一谐和。没有实践之品格,一切美的精神都无从创生,也无从附丽。这就是中华美学精神实践旨趣的深刻意义,当然也需要我们从今天的语境出发,深入挖掘和总结,以更好地推动民族美学发挥现实功能,推动中华美学与世界美学对话互鉴。

附 录

生活的艺术化，人生的审美化，自古至今，是中国人生活诗情和生命诗性架构的重要通衢。

在生命的旅程中，我们认真过，执着过，开怀过，伤心过，煎熬过。而又有什么，比得上那些温润的时刻蕴藏的美意和褒奖？！

生命中的真实与生动、酸甜与苦辣、饱满与激情、蹒跚与前行，风过处，亦温馨。

向美而行[*]

——致敬人生

1981年，第二次参加高考的我，被杭州大学中文系录取。高考那几天，感冒发烧，糊里糊涂考完，让父母担忧不已。成绩公布，高出了当年国家重点线20多分，据说是当年小县城里的高考文科状元。填写志愿时，第一志愿学校选择了杭州大学，第一志愿专业选择了中文系。这多少受到了我的高中语文老师何在田先生的影响。何老师风度翩翩，说话字正腔圆，充满了书卷味和文人气。印象中，他时不时会提到杭州大学中文系，给我的感觉那就是全国最好的中文系了。那之前，我没怎么出过远门。最远的，到过上海，我外婆家的亲戚——我的表姨、表舅都在上海。经验对于人生的选择，影响直接而深刻。我父母都是公职人员，杭州是我小时候他们出公差去得最多的省会城市。那个时代物资匮乏，父母出差带回的零食、玩具，是我童

---

[*] 本文原载于《拥抱人生的美学》，中国社会科学出版社2023年版。

年生活中最幸福温暖的记忆之一。

　　1981年,是恢复高考的第四年,除了历史悠久的中文专业以外,法律、旅游等都属刚刚开设的新专业。我从小非常喜欢看故事书,那时缺少课外读物。记得家里有一本薄薄的黑白两色的看图说话,泛黄的页面上都是一些极日常的生活用品,有笤把、杯子、筷子之类的。因为没有其他读物,这本画册我就非常宝贝,翻来覆去地细细翻看。县里的图书馆、我母亲单位的图书室,我是常客。有一次,借到一本儿童小说《小铁头夺马记》,回家都不肯吃饭睡觉了,一口气把它捧着读完。我家里三姐妹,两个姐姐相差1岁,大姐与我间隔5年,二姐与我间隔4年。母亲经常带我去她单位玩,我缠着母亲单位的叔叔们讲故事、画画,大人们都宠着我。据说,有一次,我让一个叔叔画鸭子,画了几十张纸,也不肯罢休。还有讲故事,只要开了头,我就缠着叔叔们讲了一个又一个,一般都停不下来的。我母亲有个朋友小季叔叔,他不仅给我们三姐妹讲,也给我们的邻居小伙伴们讲。我父亲当时在县政府工作,家里住的是县政府的家属院,二层的小楼,小楼对面一排一字排开的平层厨房,中间是一长溜水门汀。小季叔叔每次来我家玩,就在我们家属大院的水门汀上摆开了龙门阵,孩子们呼啦啦围一大圈,有时大人们也来凑热闹,仿佛是大家的一个节日。

　　我父亲家里祖辈务农,但他喜欢读书,他父母就送他读了3年小学。父亲学校的校长,是在新中国成立前入党的干部，看父亲勤奋好学，做事认真，笔头口才都不错，就介绍父亲参加了工作。新中国成立不久，百废待兴。父亲先后在温州、台州政府的组织部门、党校、纪委等单位工作，担任领导。从我记事起，父亲就是我们县里有名的硬气干部。但他也有柔情有趣的一面，这一点，大概只有他的至亲家人才体会得到。我父亲爱听广播，他有一个心爱的小收音机。听收音机里的节目，是他工作之余最大的乐趣之一。父亲也爱读书，只要有时间他就会阅读古典名著。我父亲故事也讲得好，他给我讲过全本的《西游记》和《水浒传》。父亲每天讲一节，一本书得连续讲好一段时间。听父亲讲故事，是我每天的重要期盼，这也是最早在我心里播下的文学种子之一。父亲还爱下跳跳棋、象棋。跳跳棋是我们全家共同的娱乐爱好，家里每个人都会下，也都喜欢下，尤其我母亲是下跳跳棋的高手，基本上是打遍全家无敌手。象棋我们家女性都不会下，我父亲就抽时间跟他的两个小外孙切磋棋艺。父亲的钢笔字很漂亮。我母亲其他方面不会夸我父亲，她要夸只夸父亲两点，一是文笔好，二是字写得漂亮。我父亲的柔情细心，让我记忆最深刻的，是有一次他出差上海带回来的玩具——一个非常漂亮的大女洋娃娃。这个娃娃，立即在邻居小伙伴中引起轰动。这个娃娃有 50 多厘米高，手脚都能活动，长头发卷起，眼睛大大的，脸蛋粉红色，美丽的上衣和裙子还能穿脱。20 世纪 70 年代初，这样的娃娃，差不多就是孩子们想象的极限了。我们三姐妹得到这个娃娃，满心地喜欢和宝贝。从此,我们的保留节目就是和娃娃过家家。我们一次次不知疲倦地扮演娃娃的爸妈、老师、医生等,上演了不计其数的没有剧本的剧目。后来,有一天,我一不小心,把娃娃摔落在地上,她的脑袋磕出了一个大窟窿。看着伤心不已的我们,父亲灵机一动,想出了一个点子。他找了些沙泥填入娃娃磕破了的脑袋窟窿里,然后就地取材,从家里找出些鲜红色的油漆,把窟窿表面涂上了。这下可好了,娃娃粉红色的脸蛋和鲜红色的脑袋窟窿,界线分明。父亲一不做二不休,干脆就把娃娃整个脑袋都涂成了鲜红色。这下,这个优雅可爱的娃娃,就变成了红头"关公",有些刺眼吓人。我"哇"的一声伤心地大哭起来。这个事后来怎样收场的,已经记不得了。自此之后,这个娃娃就在我们的人生剧场中淡出,但它无疑是我小时候最珍爱的玩具之一,深深地留在我的记忆中,带给我很多美好的回忆。

我没有见过外公,我母亲是外婆唯一的孩子,记忆中外婆一直和我们住在一起。她非常整洁,穿着从不凌乱,每天把自己的头发梳得一丝不乱,把我的头发也梳得服服帖帖。外婆最喜欢给我梳的是"铁梅辫",就是样板戏《红灯记》里女主角李铁梅梳的那种辫子,上面一个小麻花辫,下面连着一个大麻花辫,捆扎上长长的红头绳。外婆还特别喜欢织毛衣,是亲朋邻里中有名的织毛衣达人。我身上常年都穿着她织的各色各样的毛衣,不仅图案新颖,款式也有她自己的创意,每件都不相同。一直到我工作以后,外婆还给我织毛衣。我的同学和朋友对我外婆织的毛衣，几乎都印象深刻。我母亲是浙江省商业学校中专毕业，算是科班。她身材娇小，性格开朗。印象中，母亲对我可谓极尽慈爱。她对我的教育，就是无尽的爱和信任。她对我的期待，就是简简单单的一个——能读书就去读书。我本来不一定是个读书的材料，中专没考上，大学考了两次，硕士考了三次，博士考了三次，一路坎坷，最后竟然做完了博士后顺利出站。每当我考试失利的时候，母亲从不失望责备，而永远是无限地信任鼓励和无条件地默默支持。

家中三姐妹，我是老幺，两个姐姐对我也是宠爱有加。我们三人，性格各异。大姐温厚勤快，二姐聪明机灵，我算是有点小个性，用我母亲的话说，就是喜欢捋顺毛。印象深刻的，是有两次和我父亲起冲突。第一次，学校有个活动，我一早起来找衣服，准备去学校。母亲拿出原本买给姐姐的衣服，姐姐一直搁着没穿，看着还是新的，现在姐姐穿尺寸就偏小了，母亲说这件衣服是新的，让我穿，我一看不喜欢啊，就要穿我自己的旧衣服。我父亲一般不参与家里这类琐事，那天不知怎么上心了，也可能是觉得参加活动穿新衣服更好，就拿出父亲的权威让我穿，我坚持不穿。父亲一着急，扬手打了我一下，我一边哭，一边穿着自己的旧衣服夺门而去。自此，父亲再没有对我动过手，这是他唯一的一次。第二次，是上大学后的第一个暑假。我们文科高复小班的同学，相约去雁荡山玩。我们高二那年，黄岩中学第一次组建文科班，当时大家都看好理工科，老百姓中流传着一句话，叫"学好数理化，走遍全世界"，文科是冷门，选考的人少，文科班的学生是从全年级各班中选过来的。当年我们都落榜了。第二年，黄岩中学又第一次组建了一个文科高复班，大部分原来文科班中未考上大学的同学都放弃了，他们参加了当时的招工考试，不少人考入黄岩罐头厂、轴承厂等国营大厂工作，也有几个考到了黄岩司法系统当上了律师。文科高复班只剩下十来个人，差不多一半是考文科的，一半是考外语的，我们自己称之为文科小班。这一年高考，我们这个文科小班发挥出色，大部分考上了大学，有考到北京的、南京的、杭州的，也有考入本地高校台州师范专科学校的。第一个暑假，大伙儿都回到了自己家乡，相聚在一起，开心的心情可以想象。这次雁荡山旅游，是文科小班第一次组队外出，也是至今为止唯一的一次。我已答应了和大家一起去，没想到父母知道了不同意，而且坚决不同意。当时我大姐已经成家，我就找大姐二姐帮忙，前一天晚上偷偷离家住到了大姐家，算是唯一的一次离家出走吧，出门的必需品和钱，都是大姐帮忙准备的，第二天直接从大姐家走了。回来也不敢直接回家，大姐二姐帮忙侦探，看看父亲消气了没有。后来，大概是我母亲先憋不住了，算是让我顺利回家了。我能想得起来的，父亲和我意见相左的，一辈子也就这两次。可以说，父母和两个姐姐，几乎竭尽了他们的所能，支持我去实现自己的一切想法。后来，我又遇到了我的先生，一个心底藏着艺术和诗意的工科男，又迎来了一个温暖而思辨的小绅士,我们一家三口,常常在科学与人文、情感与理性的交错话题中,互不相让,驳诘辩难,这也是我们家常娱常乐的保留节目。

1971年,我开始读小学,学校的名字叫东方红小学,在我们县城的小学中,也算数一数二的了。我家这个小县城,叫黄岩,坐落在括苍山脉脚下、永宁江畔(永宁江也称澄江)。黄岩是历史上有名的蜜橘之乡。橘花开时,澄江两岸,一片片橘树组成的大绿毯上,缀满了星星般的小白花。橘子成熟时,成片的绿树枝头挂满了一簇簇黄澄澄的橘球。记得小时候,每年橘子成熟的时节,家乡的空气里,到处流溢着欢乐与甜香。家家的大人们都忙碌起来了。家乡的蜜橘不论个,不论斤,而论筐,一个圆藤条筐一般可装30斤或50斤,几筐几十筐地搁在屋头,黄澄澄,金灿灿。孩子们肯定是最开心的了,可以敞开肚子可劲儿吃。这个时候,家里大人一般没时间跟你啰唆计较了,他们只顾忙着从筐里挑出最美味、最漂亮的橘子,装筐寄给四方的亲朋好友。老家县城,最有名的景点是九峰公园。公园里有一座烈士陵园,是我们小时候春游的目的地之一。记得老师给我们讲,这里安息的是当年解放一江山岛的先烈们。陵园里翠绿的松柏和肃穆的氛围,深深地印在我的心中。九峰公园里,还有一座瑞隆感应塔。小时候,望着覆着绿色苔藓的石宝塔,感受着那种穿越时空的苍凉和厚重,虽然并不太懂,但常常也有一种莫名于心底的感动。

幼儿园读到了大班上学期,忽然有一天,我对幼儿园不感兴趣了。我跟父母说，我要去读小学。我父亲就去找了东方红小学的校长，校长说，现在要想插班读，也只能下学期来读一年级下册了，到时候让班主任老师看看吧，班主任要的话，就可以读。我天天盼着，终于等到新学期开学。父亲领我去见班主任，班主任是位女老师，见了我，她没说啥，就牵着我的手，把我领到了班上。因为一年级上册没有读，我没有学过汉语拼音，每次考拼音，我都在班里垫底。但写作，从小学开始，好像就是我的一个强项。我觉得，这可能一部分来自父亲的基因和熏陶。我父亲，是县委大院里有名的好笔头。我家里三姐妹，大姐的作文也写得好，可惜是家里孩子中的老大，按当时政策，高中毕业就下乡了，没能接受更高的教育。一开始，我作文也不会写，父亲就让我参考大姐的作文。看了几回，我自觉大体明白作文的诀窍了。后来写的作文，被老师点名表扬的概率很高，写个600字、800字的，基本上难不倒我。

1976年，我升读初中。那一年，"文化大革命"结束了。东方红小学当时还办了个"戴帽"的初中部，我就在这个初中部读完了初中。我们初中的语文老师姓徐，叫徐东星。我后来选读中文系，和文学艺术、美学结下不解之缘，我觉得第一个要感谢的就是徐老师。徐老师微胖，戴着一副厚厚大大的圆框眼镜，很有老师的威严。他第一次布置作文题，是让我们写一篇参观记，记叙学校组织的参观雷锋展览馆的活动。作文交上去了，没想到全班都被打回重写。徐老师说："你们所有的作文，都是三段论。开头是形势一片大好,我们去看展览;结尾是我们革命接班人,要学习雷锋好榜样。现在,开头和结尾不许这么写,要这样写的再交上来,你还得去重写。"作文不这样写,还能怎样写?这可难坏了我们一班"革命接班人"。一直以来,我们的作文不都是这么写的吗?!我绞尽脑汁,也想不出其他的写法啊,小学的语文老师也没有教过其他的写法啊。最后,没办法,我去掉开头结尾交上去,没想到竟然通过了。徐老师还在课堂上表扬了我,我的心脏怦怦跳,不敢相信自己的耳朵。这次作文给我的印象太深刻了,原来好作文不一定就要红旗飘表决心啊!好作文也不是只有一种写法,真实自然,也可以是好作文啊!最关键的是,我还似乎懵懵懂懂明白了一些什么道理,就是那种看似完全正确的、规则的东西不一定是一成不变的,最重要的不一定是形式的、显露在外的东西,而是更内在的质朴的事物本身。至此,我自己感觉突然地在作文的写法上,真正有了某种领悟。事实上,这件事,也使我感受到了某种忽然洞彻的触动。

我们初中的班主任,是一位教英语的女老师,叫沈桂琴。她青春靓丽,很精神,很温柔,说话的声音特别好听。班上的男同学很想引起沈老师的关注,有时在我们放学回家的路上,学校门前一条长长窄窄的青石板路的两侧屋角,三个五个的,悄悄躲起来,待沈老师走近,就一起大叫沈老师的名字,然后一哄而散逃开去。有了沈老师,我们的学习似乎有了某种劲头,暗地儿里比着劲儿。初中一年级,我稀里糊涂被选为班副。二年级开学，班长突然就转学了，然后我稀里糊涂就成了班长。但从头至尾，我好像都没有好好干过班副、班长的活儿，或者说，不知道班副、班长要干点啥，沈老师也不多干涉或指派啥。印象里，初中两年的学习和生活，大体是自在愉快的。但在今天这个微信群、QQ群爆裂的时代，小学、高中、高复班，都有班级微信群，唯独初中没有，显然是我这个曾经的班长太不称职。后来，一次偶然的机会，得知我的大学老师陈建新教授是沈桂琴老师爱人的妹夫，让我好生激动了一下。陈老师跟我说，沈老师当年很为我考入杭州大学中文系而骄傲，但她给我的评价是：不太善于跟人打交道。是啊，真的不愧是自己的老师啊，论人可谓精准，要不然，初中的班级不至于到今天还没有群。通过陈老师，我和沈老师重新联系上了，我们互相加了微信，在朋友圈相互点赞。我和初一我们班上的班长、我的老邻居褚同学约好了，下一次回黄岩，我们一起去看望沈老师。

1978年，我升入黄岩中学读高中，后又参加文科班复读，先后教我们语文的有何在田老师和苏士俊老师。两位老师似乎都蛮欣赏我的作文，常常拿我的作文当范文。当时，黄岩中学语文教研室还编选了学生习作选《新苗》。在我的印象里，《新苗》前后一共出了三集。当时，我的习作《观雪》《雨中游九峰》《观花灯》都入选了第二集，大概是《新苗》入选篇目最多的学生之一。何在田老师特别擅长讲授现代抒情散文，课堂上每次听他示范朗读，声情并茂，总让人感觉如临其境。高考填志愿那会儿，碰上何老师腿受伤了，但他仍然一瘸一瘸拄着拐杖到我家里来，动员我父母，让我填报杭州大学中文系。这个场景，深深地刻在我的脑海里，记录了一位老师对自己学生的责任心和期盼。我自己后来也做了老师，大致也能体会到何老师当年的那种心情了，有时真的是为学生着急，希望他能抓住每一个可能的、合适的机会，或者希望他能立马幡然醒悟。当了40年老师，现在对这种心境，不免哑然失笑，其实，老师是不用这么着急的，因为每一颗种子都会找到合适自己的土壤，生根发芽。

1981年，我入读杭州大学中文系。在大学班上，我年纪最小。年级里，则算倒数第二小。在中文系，不仅比拼智商情商，也拼阅历经历，我似乎不占什么优势。我每天乖乖上课，坐在第一排，认真记笔记，考试前认真背笔记，每门课成绩都是90多分或者是优。有一门"语言学概论"，太枯燥了，年级里的大孩子们大都不爱学，到期末我也考了90多分，不仅大家惊奇，我自己都觉着奇怪，因为我也不爱学习这门课啊。临近毕业，年级里分下来两个保研名额，一个免试推荐，给了全年级总成绩排名第一的男生，他的年纪全年级最小；还有一个加试推荐，辅导员就找我了，因为我的总成绩是全年级排名第二。我一听，这个名额是中文系古籍研究所的，要到古籍所去做硕士生。我不喜欢语言类啊，更不喜欢古汉语啊，当即就回绝了。其实杭州大学中文系古籍所是一个很有实力的研究所，当时有很多大名鼎鼎的顶尖学者，比如姜亮夫、沈文倬、蒋礼鸿等，不过不是我的兴趣所在，擦肩而过，惋惜但不遗憾。当时，写作教研室主任陈为良老师给我们这届上写作课，他组织了一个文艺评论的社团，还亲自挑选了社团的第一批学生。我们年级他选了两个，一个是我，另一个是浦江籍的男生季同学。我们当时是一年级，第一次集会，我们两个一年级新人傻傻地听了一通，也没整明白啥，这个社团印象中就再没什么活动了。但从全年级一百多个学生中被陈老师选出来，我私下对自己说，应该我的写作水平还算可以的吧！大学里，我跟写作教研室的老师是联系最多的。1985年，大学毕业后，我先是被分配回老家台州，到台州师范专科学校当老师。工作4年后，1989年，我考回到杭州大学中文系师从王元骧先生攻读文艺学硕士，而我加入的第一个真正意义上的学术社团，是陈为良老师担任会长的浙江省写作学会。这一加入，一直到现在，我还是浙江省写作学会的一员。1992年，我硕士研究生毕业，由台州师范专科学校调入杭州师范学院中文系，先是分到写作教研室，担任写作课的老师，由此跟杭州大学中文系的几位写作老师，像吕洪年、金健人、陈建新等，都保持着联系。其中，陈为良老师和金健人老师先后担任会长的浙江省写作学会是重要的纽带。写作学会每年召集一次年会，几十年来，从未间断。我提交年会的论文，也多次获奖。后来，我的研究生们也常常参加写作学会的年会，他们研讨写作的论文，也多次在年会论文评选中获奖，这对年轻的学子来说,是一种宝贵的肯定和鼓励。

除了写作教研室的老师,大学时代的老师联系比较多的,就是文艺理论教研室的老师们了。我的本科毕业论文《艺术"空白"浅探》是跟着文艺理论教研室的朱克玲教授做的,虽然完全是科研"小白"蹭蹭门道而已,但朱老师和她的先生,当时的杭州大学中文系系主任、中国现当代文学教研室的郑择魁教授,可以说是非常热情且认真地对待这件事的,至今想来仍让我充满了感动和感激。朱老师很优雅,说话慢声细语,举手投足间满满的书卷气。郑老师博学通达,温和亲切,仿佛亲戚家的伯伯。论文写作期间,我多次上门请教,感觉朱老师和郑老师完全把我当作一个平等对话的小学友,总是不厌其烦地跟我讨论,有时是在他们家客厅里边喝茶边品各种小食边讨论,有时是跟朱老师夫妇一起在他们家小区绿道上边散步边讨论。这样温馨的场景,迄今还深深地印在我的脑海里,宛如昨日。一开始我也拘谨着,慢慢地也就放开了。可以说,在科研道路的尝试中,最初我就获得了愉快的过程体验,这是多么重要和可贵!和朱老师、郑老师的亲密交往和接触,不仅是学术上的获益,他们也是我学术人生的美好偶像,给我留下了温暖深刻的影像。文艺理论教研室的老师,还有蔡良骥老师、李寿福老师等,他们上课各有风格,蔡老师热情澎湃,李老师严谨幽默,都是口才了得,富雄辩之趣。我准备回杭州大学中文系考研时,第一个联系的是蔡良骥老师,蔡老师一听很高兴,立马鼓励我好好复习,有疑难问题可以随时问他。李寿福老师在我们大三时开了一门文学理论的选修课程，当时还把我们的课程作业编成了一个小册子，自行油印，发给我们。几经搬家，我的这个册子再没找到。大学毕业20周年同学会时，有个同学把自己保存的这个小册子拿出来，作为对表演节目优胜者的奖励，可惜我才艺不佳，没能赢回这个珍贵的奖品。去年末，大学同窗小柯把她自己珍藏的一册转赠给我。翻开这本已经泛黄的《西方文艺理论百题》，重读李寿福老师写于1984年9月的"编后"，他说："《百题》按照历史的线索，对西方文艺理论中有影响的代表性观点作了深入浅出的评述，它不仅有利于西方文艺理论的系统学习，而且对于普及美学史知识、开拓广大青年朋友的知识领域将会起到积极作用。"《百题》中，我撰写的是"普洛丁的'美的阶梯'说"和"维柯的形象思维说"。《百题》的学习和写作经历，无疑是我问学问美之路的一个阶梯，是最初激发我理论学习兴趣的触媒之一。在杭州大学读硕期间，外国文学教研室的丁子春教授，组织了我的导师王元骧老师的硕士生和他自己门下的几个硕士生，带着我们一起，合作研究，撰写了一本《欧美现代主义文艺思潮新论》，1992年由杭州大学出版社出版。这是我的第一本参与撰写的著作。丁老师遴选了十个西方现代文艺思潮，他自己的两个硕士生项晓敏和张信国，每人选写三个思潮，我和王元骧老师名下的同届师兄李咏吟，每人选写两个。我选的是唯美主义思潮和超现实主义思潮。时隔20余年，我后来研究中国现代的

"人生艺术化"思潮，跟着丁老师做唯美主义思潮的研究经历，是一个很好的学习、积累和铺垫。

1989年秋，我考入王元骧先生门下攻读硕士。当时，我已在台州师范专科学校当了4年的大学教师。台州师范专科学校地处古城临海，虽是小城，但有着厚重的历史积淀和独特的文化气韵，这里有江南长城、紫阳古街、巾山石塔等美景，有大年十五的糟羹、声名远播的蛋清羊尾等美食。更幸运的是，在这里，我遇到了青春岁月里的好朋友李、微、多。我们四人，每天傍晚饭后，在渐渐安静下来的古城街巷结伴散步，交流各自的见闻和白天发生的故事。当时，李有个在上海的男朋友，他们相识传奇，李告诉我们说，是在一趟行驶中的火车上。李和男友书信往还，每一个信封都是她自己亲手制作的。童话般的爱情，令未经情事的我们仨羡慕不已。我们陪她去街角的邮筒，看着她幸福地投入爱情的书函，空气中氤氲着芬芳和美好。现在想来，这真的是一段朱光潜先生说的"慢慢走，欣赏啊！"的惬意时光。我们四人中，最早来到这个古城的是李，然后是大学毕业留在这座城市工作的微和多，再后来是和李毕业自同一个高校的我。再后来，我们四人又陆续从这座古城走出去——李追随她的爱人到了上海工作，微因工作出色而被提拔到了台州首府所在地，多则跨出国门走得最远，而我也回到了大学时代的校园再续学业。

1985年到1989年，20岁到24岁，我懵懵懂懂，爱着黄岩，爱着临海，也爱着一个心中的朦胧，走回到了我的母校和母系——杭州大学中文系。王元骧先生不仅是第一个真正引我步入学术之门的人,也是第一个把我引向美学之路的人。王先生是新时期审美反映论的重要代表人物之一,他在本体论、实践论、存在论、人生论等文艺学美学基本理论问题的研究方面,都做出了重要而不可取代的贡献。只要接触过王先生的人,都清楚他是一个真正意义上的书生,一个纯粹的学者。学术就是他生命的全部,也是他一辈子至高的追求。记得他常常对我们说的话就是要我们好好把学问做好。王老师做事极其认真,对学问更是不容马虎。他对学生的教学和管理,我觉得主要是抓大放小,核心目标就是把学位论文做好。我的硕士学位论文选题是做审美教育问题的,题目是《美育的本质和社会主义美育》。记得是我自己选的题目,王先生并没有过多干涉,只是在他的本科生美学课程上,给我安排了课时,让我去上相关的内容章节,这促使我更认真、更投入地去研讨这个论题。硕士毕业后,我留在杭州,到杭州师范学院中文系工作,当时系里缺写作课老师,就让我去上写作课,还陆续上过小说理论、文秘学等课程。其间,结婚生子,不知不觉就过去了8年。但是,从"艺术空白""美的阶梯""唯美主义"到"美育",这种对艺术和美的理论兴趣,似乎还氤氲在心里。

2000年春,我再一次回到王元骧先生门下攻读博士。入学不久,我跟王先生商量学位论文选题。王先生建议说,梁启超或新儒家,都是可以做一做的。因为上小说理论的选修课，我接触过梁启超的文论，但没有特别深入地研究。我购买了12册的《饮冰室合集》，开始研读。这一读，我就被吸引住了。我从梁启超的文论转向他的美学思想，从文论界对其前期的关注重点转向他的后期和整体面貌。这期间，王先生放手给我充分的发挥空间，但在关键的地方，他总是能给出有针对性的高屋建瓴的指导，充分体现出一个高水平理论家的精准眼光和学术水准。梁启超美学思想研究，是我获得的第一个国家社科基金项目立项，这对我的学术研究是很大的鼓励。在我的记忆中，王元骧先生特别强调问题意识、理论逻辑和论证的说服力，强调美学和文艺理论的现实观照和理论思辨。他不会给学生唠唠叨叨说很多，也不会在无关紧要的地方费神费力。跟着王先生学习，学生需要抓出关键问题去请教，这是非常考验师生的互动和默契的，考验师生的立场、方法、视野、价值观，甚至考验话语的方式和风格。我在天性上是偏感性感知型的，要跟上王先生的严密思维和严谨风格，确实是一个艰苦的自我改造的过程。跟随王先生读硕读博7年的求学经历，对我的理论思维能力、发现和解决问题的能力、现实观照和反思批判的能力，以及对信仰理想的坚守，确实产生了极其重要而深刻的影响。我的博士学位论文做了将近4年，一方面是王先生的严格要求，另一方面是我发自内心地希望安静深入地研读和思考。2004年春天，我的博士学位论文《梁启超美学思想述评》通过答辩，得到了答辩委员会专家们的一致肯定和好评鼓励。2005年，经过修订完善的博士论文，以《梁启超美学思想研究》的书名，在商务印书馆出版。《人民日报》《光明日报》《中国社会科学院院报》等先后刊发同行书评。2006年12月，该著登上《新京报》图书排行榜，列李泽厚《论语今读》后为学术类第五。

2004年秋，我申请进入中国社会科学院文学研究所博士后流动站工作，师从钱中文先生开展博士后研究。钱先生既是学术大家，也是高水平的学术组织者和学术领导者。他积极引领推动审美反映论的建设，提出了文学新理性精神、交往对话等理论。他反对门户之见，反对庸俗社会学，反对极端化的思维方式和情绪化非学理的理论批评。钱先生先后担任中国社会科学院文学研究所所长、《文学评论》主编、中国中外文艺理论学会会长等职，是中国社会科学院荣誉学部委员，对新时期中国文艺理论的建设发展做出了众所瞩目的突出贡献。钱先生是视野开阔、高瞻远瞩、有胸怀、有气度的学者，待人儒雅平和。我一开始申请的博士后工作课题题目是梁启超的"趣味"思想和中国现代美学精神的关系，后来在研究中逐渐聚焦到中国现代美学的"人生艺术化"这个命题。当时，博士后报告开题答辩已通过大半年了。我忐忑着向钱先生汇报自己的新想法，没想到他爽快同意我更改选题，还认真帮我分析，提出精要意见。"人生艺术化"这个课题，后来获得了国家社科基金和博士后科学基金的立项。2007年10月，钱先生邀请童庆炳、聂振斌、杜书瀛、党圣元诸位先生，参加我的出站报告鉴定。各位先生都很认真地在我事先提交的纸质文稿上详细批注了自己的意见,又在鉴定会现场给出了详尽的建议和热情的鼓励肯定。出站后,我将这个报告放在手头几经打磨充实,于2013年在商务印书馆以《人生艺术化与当代生活》为书名出版,著名美学家汝信先生、凌继尧先生为该书作序勉励。出站后,我和钱先生的联系从来没有中断过,一直到今天。凡遇重大事项,我必向钱先生汇报请教,钱先生每一次都是耐心无私地帮助我分析决断。记得钱先生跟我说,一个老师,主要的就是要帮助学生发挥出他的优势。这也是他与我相处的唯一原则。他从来不会因个人的好恶来引导我的学术判断,而总是鼓励我自由地思考和研究。出站后,我多次在杭州组织发起美学美育领域全国性学术会议和活动,组织主编中国现代美学领域的文献编撰和专题研究,钱先生都给予了细致、切实、关键的帮助。2008年4月,我们学校和钱先生领导的中国中外文艺理论学会,以及中华美学学会合作,在杭州召开"'中国现代美学、文论与梁启超'全国学术研讨会",钱先生莅临研讨会。当时是我所在的研究机构第一次承办学术会议,可以说是个会议"小白",每逢难以决断或不太懂的问题,我就跟钱先生电话请教,钱先生总能抓住关键给我点拨。钱先生还给会议专门撰写了一篇逾万字的论文《我国文学理论与美学审美现代性的发动——评梁启超的"新民"、"美术人"思想》,此题抓住了梁启超文论和美学中"美术人"这个关键、重要而又没有得到应有重视的问题,其理论价值和实践意义不言而喻。会后，论文集在专程前来约稿的天津人民出版社正式出版，我征得钱先生同意，将文集主书名确定为《中国现代美学与文论的发动》。回顾与钱先生的交往，我感动、感佩、感慨，有师如此，我唯有敬重、敬爱！

我的美学之路，除了王元骧、钱中文两位恩师，还幸运地遇到了诸多给予无私扶掖与真诚帮助的前辈学者和师友同人！

汝信先生是大名鼎鼎的当代中国美学家、中国社会科学院学部委员，是继朱光潜、王朝闻之后中华美学学会的第三任会长。2009年，我在杭州组织召开"'中国现代美学的资源与实践'全国高层论坛暨《中国现代美学名家文丛》首发式"。《文丛》的作者之一王德胜先生给了我一个汝信先生的电话号码，跟我说，可以邀请汝信先生参加。这之前，我和汝先生可以说是素昧平生。当我拨通汝先生的电话，没想到的是，汝先生听我报出自己的名字，就说知道我，看过我的《梁启超美学思想研究》。2009年春天，汝信先生和夫人夏森先生一起来杭州参加论坛和活动。因为美学，我有幸和汝先生、夏先生结缘，和他们成了忘年交。汝先生一直关注我的研究以及我们组织的活动，虽然由于身体的原因，此后他再没有亲临杭州，但他先后为我撰写的著作《人生艺术化与当代生活》、我主编的会议文集《蔡元培梁启超与中国现代美育："蔡元培梁启超美育艺术教育思想与当代文化建设"全国学术研讨会论文选集》《人生论美学与中华美学传统——"人生论美学与中华美学传统"全国高层论坛论文选集》《人生论美学与当代实践——"人生论美学与当代实践"全国高层论坛论文选集》等撰写序言,也屡次给我们召开的学术会议发来贺信,始终关注、指导着我们的研究进展。2015年,时任《文艺报》理论部主任熊元义邀我给他们的版面撰写一个对汝信先生的访谈。我按照熊元义的要求,设计了十来个问题,汝先生用钢笔一字一句书写,认真回答我的提问。其间,我们书信往还,讨论修改。这个访谈的写作过程,使我对汝先生从战士到学者的美学历程有了进一步的了解,也使我对他虚怀若谷、宽以待人、扶掖后学、低调儒雅的大家风范有了更真切具体的体认。每次我上他家汇报问题、联系工作,或者到京出差过去看望他们,汝先生和夏先生都要带我去品尝他家附近的正宗北京烤鸭,告别时夏先生常常塞给我一包包美味的零食,他们的关心关爱,让人如沐春风,也让和我一起前去的同事和学生生出无限的感叹和钦羡。

说到我敬重的学术前辈和忘年交,聂振斌先生是一定要说的。聂先生是我国王国维、蔡元培美学思想研究的拓荒者,是中国近现代美学研究领域最具代表性的权威学者之一。我申请进入中国社会科学院文学研究所博士后流动站工作后,钱中文先生就跟我说,哲学所的聂振斌先生是这方面的权威,可以跟他请教一下。经过文学所另一位博士后合作导师杜书瀛先生的推荐,我拿着准备出版的《梁启超美学思想研究》书稿拜访聂先生,聂先生与我一见如故,从此成为学术上的莫逆之交。好多年后,有一次,在一个学术会议的间隙,聂先生笑着跟我说:"你的《梁启超美学思想研究》中的观点与我不同,是批评我的啊!"我有点惊愕,问他:"那您当时为什么还给我作序?"聂先生依然笑着说:"学术研究呢,就是要百家争鸣、百花齐放,哪里可以连这点肚量都没有啊,那学术还怎么发展啊!"他以大家之襟怀,纯粹真诚地看待学术中的分歧,鼓励学术上的探索,热诚扶掖后学,令人敬佩。聂先生在给我的《梁启超美学思想研究》作的序中说:"作者有个性,善于独立思考,有创新精神。""20世纪80年代,我在研究这一段美学史时,本打算对蔡元培、王国维、梁启超三位先生的美学思想各以专著的形式加以论述。但在写完蔡、王两人之后,由于种种原因,梁启超的一本至今未写成,此事一直耿耿于怀。现在读了金雅的《梁启超美学思想研究》,此种遗憾与愧疚,终于得到了一定的消解。因为一部我想看到的梁启超美学思想的专著,终于写成即将出版,从而弥补了这一研究领域的欠缺。也打消了我写梁启超美学思想的念头:借花献佛,以还吾愿,岂不乐哉!所以读了金雅的大作,我不仅高兴,还含有几分感激。"如此肺腑之言,体现了聂先生纯粹的人格和胸襟,令我崇敬感佩。我博士后出站的第二年——2008年,是我工作的杭州师范大学的百年校庆。时任校长林正范先生跟我说:"你这边可以开个美学和文论方面的学术会议,由学校来支持。"我从没有组织过学术会议,就跟两位老师钱中文先生、王元骧先生汇报了情况,他们都表示大力支持。具体怎么开?说实话,我当时脑子里是一片空白,不要说组织一个全国性的学术会议,这之前我组织过的也就是课堂讨论了,完全是个会议"小白"啊。我想到了聂振斌先生。聂先生曾长期担任中华美学学会的副会长兼秘书长,经验丰富。聂先生听我说完事情因由,他说:"既然学校想开个会,咱们先确定一个主题,你得开个主题跟您们有关联的会,可以开个梁启超的会。"我听了,吓了一跳,开梁启超的会,不会让人产生什么误会吧,因为当时我的研究重点是梁启超啊。我跟聂先生说,还是开个别的主题的会吧。聂先生听完我的顾虑,跟我说:"搞学术,就要有胸襟有气度,要以学术为唯一的标准。"他还说:"梁启超的美学和文论,迄今还没有开过全国性的专题会议,这个问题,又很重要很有价值,你们又有研究的基础,你不要过多担心,不要过多思虑个人的得失。"这一番话,让我卸下了心里的包袱。2008年春天,"'中国现代美学、文论与梁启超'全国学术研讨会"在杭州召开,得到了学界同人、梁氏后人、社会各界的热情关注和大力支持。钱中文、胡经之、王元骧、杜书瀛、曾繁仁等学界前辈,都专门为会议撰写论文;梁启超先生的后人,广东新会梁启超研究会的领导,新华社、《光明日报》、《文学评论》等媒体、出版社的代表,都赴杭参加了会议。会议成果结集为《中国现代美学与文论的发动——"中国现代美学、文论与梁启超"全国学术研讨会论文选集》,由天津人民出版社出版。这次的会议和文集,是梁启超美学与文论研究领域的第一次全国性学术会议和专题学术文集。此后,聂振斌先生和我们一起策划并在杭州先后发起召开了"'中国现代美学的资源与实践'全国高层论坛暨《中国现代美学名家文丛》首发式""'蔡元培梁启超美育艺术教育思想与当代文化建设'全国学术研讨会暨《中国现代美学名家研究丛书》首发式""'人生论美学与中华美学传统'全国高层论坛""'人生论美学与当代实践'全国高层论坛暨《中国现代美学名家文丛》新版发布仪式"等学术会议与活动。每一个活动和成果,从策划组织到实施落地,聂先生都全程参与。我所主持的美学中心,邀请聂先生担任学术委员会主任。每次会议和活动的学术总结人,我们就邀请聂先生担任。每每遇到这样的场合,他总是谦虚地说:"这个领域研究的进展,金雅老师她是最了解的。"《蔡元培梁启超与中国现代美育:"蔡元培梁启超美育艺术教育思想与当代文化建设"全国学术研讨会论文选集》《人生论美学与中华美学传统——"人生论美学与中华美学传统"全国高层论坛论文选集》《人生论美学与当代实践——"人生论美学与当代实践"全国高层论坛论文选集》这三部文集,都是聂先生和我共同主编,但署名时,聂先生就坚持让我署在前面。他说:"工作主要是你做的,第一署名就是你啊。"《中国现代美学名家文丛》的序论,也是聂先生和我共同撰写的,由我先起草初稿。在这个过程中,聂先生既给予我高屋建瓴的提点,又充分尊重我的想法。他总是鼓励我放开写。他说:"我知道你有自己的想法,你按自己的想法写,不要有顾虑。"我从梁启超和中国现代美学资源切入,梳理中华美学的人生论精神,并进行相应的理论思考建构,得到了聂先生的明确支持和高度肯定,这给了我很大的鼓励和信心。每一次会议召开,聂先生都认真地就其中的重要理论问题撰写长篇论文。2014年11月,由我主持的美学中心发起的"'人生论美学与中华美学传统'全国高层论坛"在杭州召开。这是第一次专门的人生论美学的全国性学术研讨。聂先生专门为论坛撰写《人生论美学释义》一文,明确肯定了倡导人生论美学研究的重要价值,肯定了人生论美学对中华美学民族特色建构的重要意义。这篇论文为中国人民大学《复印报刊资料》全文转载。除了此文,聂先生还先后为我们的学术会议认真撰写了《梁启超的"美文"研究及其开创意义》《蔡元培的美育思想及其历史贡献》《人生理想与美感——艺术教育》等专题论文,给予重要的学术支持。多年来,聂先生无私地帮助我们组织会议、活动、丛书等。我在中国社会科学院文学研究所做博士后期间以及出站后去北京出差,没少到聂先生家蹭饭,他和师母总是提前准备好我喜欢的吃食。有时,聂先生会在他家小区的马路口、大门口、楼道口等我,给我温暖的惊喜,仿佛是一个等待子女归家的父亲。聂先生和师母给予我的这种温馨和润的味道,让我在异乡那些单调枯燥的求学岁月中,在那些一整夜火车旅途的辛劳颠簸后,在困顿和困境中,多了从容和坚守的力量。

这里,我还想说说童庆炳先生,我的两位导师王元骧先生和钱中文先生都对他交口赞誉,这不仅是因为他的学问,也是因为他的为人处世和人格魅力。王先生常常和我说起童先生,对童先生的涵养和胸襟给予极高的评价。王先生一般是不轻易夸人的,几乎人人都知道王先生原则性强,要求高,对己对人都有明确的标准。童先生是著名的文艺理论家和教育家。王先生特别感佩童先生待人的儒雅风度,以及童先生对于学问的真诚真爱。童先生也是钱中文先生的好朋友和亲密伙伴,钱先生也和我聊童先生。在钱先生眼里,童先生是个很有高度、有大局观的学者和学术领导。钱先生组织领导中国中外文艺理论学会,以及先后组织出版中国当代文艺学领域的多套学术丛书,童先生和他主持的北京师范大学文艺学研究中心都给予了倾力支持。2007年10月19日,钱先生在文学研究所理论室组织我的博士后出站鉴定会,他把童先生也请来了。这是我第一次近距离与童先生接触。记得鉴定会上,童先生娓娓道来,温婉清晰,对刚走上学术之路的我,多有诚恳勉励指点,给我启益良多。鉴定会一结束,童先生因事要先行离开。他把自己写在便笺上的文字意见留给了我。这个便笺是约10厘米×10厘米的白色方纸,右下角和左上角分别印有浅蓝色的北京师范大学中英文校名和网站地址,看上去清雅洁秀。童先生工整清晰地写了两页三面,共三点意见。首页第一行端正地写着题目:金雅博士后出站报告评议。下面一笔一画工整清晰地写着:"一、选题好,有学术价值,也具有现实意义。与过去传统的研究相比,开辟了一个新生面，使近现代的文学艺术等文化研究增加了一个新维度。论文确提供了新的方面、新的观念、新的视野。二、论文下了很大的功夫。掌握了大量的第一手资料，进行了清晰的梳理。对所提出的论题和观点做出了深刻有力的分析和概括。三、论文分上下两篇。上篇就'人生艺术化'的理念的提出、深化，提出了四个代表人物，进行了具体的深入的论述。下篇则是回顾历史语境，并展示'人生艺术化'对于现实的意义与价值。论文层层深入，展示了作者把握问题的能力。"这个便笺，我一直珍藏着，每每摩读，都感动不已。因为童先生不仅在我事先寄呈他的纸质报告上批注了详细意见，还专门另外准备了这个便笺，把要紧的话写在这里留给我！前辈学者的拳拳之心，令人动容。我想，这个小小的便笺，只有真正把学术融入自己生命信仰的人，才会如此细腻和用心吧。我送童先生下楼，他慢慢地、稳稳地、轻轻地，对我说："你的论文写得很漂亮，特别是梁启超写得好。"我斗胆跟童先生要电话号码，童先生说："我写给你。"写好后，他又叮嘱我说，有问题可以随时给他电话。和童先生的这次接触，给我留下了极其深刻难忘的印象，让我见识了何为大家风范，我也明白了为什么童先生还被誉为教育家。

我在中国社会科学院文学研究所博士后流动站学习时，除钱中文先生外，还有两位合作导师，一位是杜书瀛先生，另一位是党圣元先生。杜先生学术涵养深厚，博学敏才，很有文人气息。如果跟他请教学术问题，他总是能娓娓道来，释疑解惑。我在博士后流动站期间，开题、中期、结项，钱先生都邀请杜先生来参加。每一次，他都在我提交的材料上详细地批写、标注他的意见建议。杜先生出版新著，常常赠送于我。我每有新著，必呈教于杜先生。出站以后，我们仍保持着这样的学术来往，杜先生每次收到我的小书，都热情地给予肯定，让人深深感受到一位老师和长辈对于后学在学术上的点滴长进的由衷喜悦。

党圣元先生在我的印象里，说话带着明显的陕西口音，为人也是颇有些陕西人的豪气的，他给人意见也是直截了当的。我很喜欢这样的方式，不用费心琢磨。记得有一次，党先生跟我说："你看，你们王元骧老师，他的论文虽然理论性、学理性很强，但他的现实针对性也是很强的，是很敏锐、很有现实关怀的。"这句话，对我的触动极大。此后，我的学术思考和价值取向，更多地关切于美学与实践的关联，关切于现实的问题，这也直接推动了我对人生论美学思考的方向把握和问题把捉。

我在文学研究所做博士后研究时，也有幸结识了高建平先生。高建平先生是汝信之后中华美学学会的第四任会长，他还担任过国际美学协会的主席。他领导的中华美学学会，多次与我们美学中心合作，组织召开会议与活动，并给予具体的帮助支持。高建平先生本人，也总是从忙碌的日程中抽出时间，基本上出席了我们每一次在杭州组织召开的会议，发表热情勉励的讲话。记得我一开始组织会议时，一些具体的事情，除了聂振斌先生，请教最多的就是高建平先生，感觉高老师总是很有耐心，细细倾听，平易近人。

我在王元骧先生门下攻读博士时，中国艺术研究院的孙伟科先生来王先生这里访学。孙伟科先生一身的书卷气，平和儒雅，是文艺理论研究专家，也是《红楼梦》研究专家。现在已是中国红楼梦学会的会长，《红楼梦学刊》主编。有一天，他跟我说："《文艺报》有个朋友想约稿，你可以给他们投投稿。"自此，我结识了熊元义先生，并开始了长达10多年的工作联系和友谊。熊元义是个非常率真的人，他待人热情，精力充沛，对于自己想做的事，总是信心满满，一往无前，不容置疑。他对自己的观点从不隐瞒，这一点我特别喜欢。熊元义编辑和主持《文艺报》理论版期间，我先后给他们版面写了《女性命运的文学风标——二十世纪中国文学与女性解放》《梁启超与中国美学的现代转型》《促进"人生艺术化"》《文学教育及其情感功能》《文化开放与民族承担》《以中华美学精神提升当代批评实践》等文。他又约我先后访谈汝信先生与王元骧先生，在他们版面专版推出《文艺理论的使命与承担——文艺理论家王元骧访谈》《美学研究的世界视野与中国实践——美学家汝信访谈》两篇长文。2015年11月，我到北京参加一个学术会议，刚好熊元义也说要去参加，我们电话里约定了会上见。会议报到那天，我没有见到他，也没有接到他的电话。当天，却接到了他已在重症监护室的消息。熊元义在盛年猝逝，完全出人意料，每每忆及，伤怀莫名。熊元义介绍我认识了好多学界朋友，其中有从事中国现当代文学研究的张永健教授、王泉教授等。我虽然偏于基础理论，但我的时间线主要是中国现代，我多次参加张永健教授等组织的中国现当代文学的学术活动。张永健教授、王泉教授也都曾来杭州参加我们组织的美学会议和活动，并热情撰写论文和书评，我们互赠著作，相互关注，长期保持着学术的联系。与孙伟科、熊元义、张永健、王泉等教授的联系，很好地拓宽了我的学术视野，也增强了我对具体艺术、文学现象的关注和思考。

在中国社会科学院做博士后期间，我也遇到了一群意趣相投、给予我很多帮助的年龄相仿的朋友。陈定家先生在我进入文学研究所博士后流动站之前，我们之间就有了邮件往来，他是我们共同的朋友熊元义先生介绍给我的。他为人朴实，做事踏实，与他接触，满满的信任感。博士后在站期间，我遇到困难，常常向陈定家先生求助。记得刚去时，没有借书证，也是他帮助我最快搞定的。他对我的梁启超美学研究，多有鼓励，认真撰写了专门的评论。同届博士后欧阳文风，才气横溢，在站期间，我们能碰上的时候并不多，因为大家都已成家，基本上是工作地和北京两头跑。欧阳的研究对象之一是宗白华，他已出版相关的专著，这和我的领域比较接近。我们一旦碰上了，就会针对某些共同感兴趣的话题热烈地讨论。出站以后，我开始做中国现代美学大家们的资料整理及相关专题研究，自然就想到了欧阳，每每邀他加盟，他都二话不说，认真投入。如今，定家早已是网络文学研究的名家，著作和影响等身。欧阳写得一手好文章，干练出众，被湖南省委宣传部相中，如今已是电影处的领导。

在此，我还想说说中国社会科学院的两位女博士学者。一位是中华美学学会副会长徐碧辉女士。作为美学学会的领导之一和女性学者，我对她条理清晰、认真负责的做事风格极为佩服。我们每次在杭州组织的会议和活动，身兼学会领导和秘书长的碧辉，大大小小的事情，她都亲自操持，极其负责，同时每一次会议，她都自己带头认真撰写论文，做好榜样。有时，我们也会因为会议中的一些安排有不同的看法，大家都坚持自己的意见，历数自己的理由，大有君子和而不同、以理服人之味道。另一位是杨子彦，文学研究所的女学者，当时兼着中外文艺理论学会秘书处的工作，一头利落的短发，做事干练。我们除了在所里，也在学会的会议上相遇。我们一起散步聊天，聊我们的学术和工作中的种种，也聊我们的生活和家庭。那些年，我孩子还小，爱人工作忙，自己杭州和北京来回跑，有时真的觉得很累。子彦的友情，带来了理解和温馨。现在想来，我们挽着手散步说话的画面，依然清晰而温暖。

我的人生旅程中，还有很多前辈和挚友，对我产生了极为重要的影响，留下了深刻难忘的记忆。

梁思礼院士，是深深烙进我记忆中的一位特别令我敬重的前辈和忘年至交。梁院士是梁启超先生最小的儿子，中国科学院院士，导弹控制系统专家，我国航天可靠性工程学的开创者之一。2008年，我们和中华美学学会、中国中外文艺理论学会合作，在杭州召开"'中国现代美学、文论与梁启超'全国学术研讨会"。经中国人民大学清史所杨念群教授牵线，我们向梁启超先生的后人发出了邀请。杨念群教授的母亲吴荔明女士是梁启超先生次女梁思庄之女。这次会议，吴荔明女士携其爱人，和梁启超四子梁思达之女梁忆冰女士，一起来杭州赴会。2009年，我们在杭州召开"'中国现代美学的资源与实践'全国高层论坛暨《中国现代美学名家文丛》首发式"，梁思礼院士应邀前来参加。会议嘉宾们下榻花家山庄。当天下了飞机，时年85岁的梁院士就问我们接站的老师说："宾馆里可以游泳吗？"把我们老师吓了一跳。据说梁思礼院士是长得最像梁启超先生的，性情也最是相似。梁院士在论坛上发表了热情洋溢的讲话。又因浙江省社科联人文大讲堂的邀请，赴浙江图书馆演讲，受到了读者们的热烈欢迎。演讲结束，听众久久不愿散去，一层层围着梁院士，热烈地交谈，请他签名、合影。在此前后，2008年、2012年，两次会议，梁思礼院士虽未能亲赴杭州，但他均发来贺信。在2008年4月7日给"'中国现代美学、文论与梁启超'全国学术研讨会"的贺信中，梁思礼院士充满激情地写道："我对美学没有做过研究，不过很感兴趣。一个高尚人格的培养就是要'求真、求善、求美'。""在我的身上存在着父亲梁启超的爱国主义和趣味主义的基因。我也认为没有审美、求美的沙漠生活、石缝中的生活要来何用。""梁启超的趣味主义中包含着'情感、生命活力、创造自由'三个要素。而我们航天人正是以我们对祖国的深厚感情,以我们不认输、不怕苦的生命活力,发挥着团队协同战斗的创造精神,用尖端科技铸就了保卫祖国、为国争光的'大美'。"在2012年11月9日给"'蔡元培梁启超美育艺术教育思想与当代文化建设'全国学术研讨会暨《中国现代美学名家研究丛书》首发式"的贺信中,梁思礼院士又语重心长地写道:"党的十八大号召加强文化建设。美育是文化建设的重要支柱之一。我国于2020年将达到小康社会,不仅要有强大的物质基础,同时也应具有现代化的精神文明。现代化的中国需要由大量的德智体美全面发展的公民组成。他们应该是以追求'真、善、美'为己任者。'美'的反义词是'丑'。经过三十多年的改革开放,中国已成为全世界第二大经济体,同时也带来众多深层的问题。利己主义、金钱至上,在部分人群中泛滥,道德缺失,贪腐事件层出不穷。因此,加强德育、美育是当务之急。在实践过程中,美育有着巨大的发展空间。"2015年12月,时年91周岁的梁思礼院士又专门给我题写了"以美育人 以文化人"八字,勉励我好好把中华美学和美育研究做下去,推动当前文化建设和育人实践的发展提升。2016年4月,梁院士离开了我们。梁院士的助手杨利伟先生告诉我,这八字赠幅,梁思礼院士当时是带病写的,应该是最后留下的笔墨了。可见,"以美育人 以文化人",是梁思礼院士始终心心念念的大事。任重道远,唯有志行。

莫小不先生是我在杭州师范大学工作时的老同事，也是我多年来的挚友。我到浙江理工大学工作后，又遇到了他的弟弟小也先生，可以说，和他们兄弟颇有缘分。小不先生精通篆刻、书法，给我们美学中心刻了阳文和阴文两方印章，其洒脱天成的美感，得到大家交口赞誉。后来，我们每逢出书，必在书脊和封底放上这两方章，成为我们系列成果的重要标识。小不先生很有个性，有想法，也有耐心，做事极其认真，是个慢性子。所谓"慢工出细活"，用在他身上，再贴切不过。每逢启动活动、项目、丛书等，以及每一个关键的环节，我总会在第一时间想到小不先生，他总是有求必应，或出谋划策，或操劳出力，从无怨言。因为小不先生，又结识了他被上海引进的夫人，很出色的中学生心理咨询专家，也结识了他在上海交通大学直博、后来又到中山大学做博士后的优秀儿子。我跟他开玩笑说："你一家三个地儿，三足鼎立。"他就跟我说，好多人不理解这个啊，他说，他就是支持每个人去发展自己。有一次，他认认真真问我，美学中怎么看待丑的问题。我们认真交换意见，谁也说服不了谁，这个时候，我觉得我们都回到了青春时代，因为只有年轻，我们才能纯粹地面对问题，如此投入地讨论问题，如此热烈地拥有真挚的兴趣。

2010年，浙江理工大学引进我过去工作。一开始，有一些朋友不解。其实，只是我隐约觉着，一个人总待在一个相似的环境中，久而久之，多多少少会因熟悉而产生惰性。我前面工作的两个高校，都是师范类的，课程设置偏长线理论的。我从本科学位论文、硕士学位论文、博士学位论文到博士后报告，虽然做的都是基础理论类的论题，但话题的焦点，可以说都内蕴着某种实践的维度，关联于美、艺术和人、人生之间的关系。叩思的焦点，往往是理论的观审，如何从人生实践的根底中生成，又如何回到人生实践的鲜活现实中去。浙江理工大学是一个偏理工类的高校，它的底子是丝绸工程学科，这多少关联着中华文化的传统底蕴和民族情愫。实际上，当初我并没有什么清楚的想法，一开始，校领导专门跟我聊，他们希望在工科学校里搞点人文学科，而我呢，朦胧懵懂中，觉着自己的理论考辨应该更多地与鲜活具体的实践对撞，自觉的或被动的，都是理论成长的触角。如果说自然科学是去解决客观世界的规律问题，工程科学是去引领技术和效益的提升，社会科学是去推动人类社会的前行，那么，人文科学和审美艺术，也应该是与世界互动的，它们是去滋养和升华人的心灵和精神世界的。事实上，不同的学科对人的浸润，各有其特点。从这一点来说，学科之间的开放和交融，其积极的意义，其对于人本身的价值，是深刻而长远的。

身为教师，最开心的，莫过于得英才而育之。从1985年走上讲台到今天，已经40载。每一年，都会迎来新的学生。一开始，班上年纪最大的学生，比我小一岁。现在，我与学生们的父母差不多年纪，很多时候，我比他们的父母更年长。学生们的朝气蓬勃和活跃灵动的思维，带给我很多启发，也常常给我意想不到的触动。他们的性格各异，表达自己观点的方式也不尽相同。每一届都有一两个特别爱思考的学生,让我感叹后生之可畏。事实上,他们青春的气息,天然地贴近于美和艺术的特质,充盈着情感和敏锐。课堂上,组会上,各种聚会和活动中,我鼓励他们完全地解放自我,自由地表达。孩子们有时也把生活中的困惑带到课堂,我们热烈地讨论,有时是激烈地争辩。我特别鼓励这种无意而有意的思索、自然而自由的勾连。因为美和艺术,归根结底,就是从我们的生活、生命、生存的现实中生成的,而我们对它们所有的叩问、思考、解答、创构,最终都是要回到鲜活的人生中去的,是让人生温润而滢澈,让生活温情而丰润,让生命温暖而洞明。

1989 年,我离开第一个工作的高校——台州师范专科学校,回到本科就读的杭州大学中文系攻读硕士。1992 年,文艺学硕士毕业后,我到杭州师范学院任教。2000 年春,作为一个已满 35 周岁的妈妈,我再次回到母校杭州大学在职攻读文艺学博士学位,2004 年春毕业。2004 年 10 月至 2007 年 10 月,我到中国社会科学院文学研究所博士后流动站工作。2010 年秋,浙江理工大学引进我建设文艺学学科。2011 年,国家启动艺术学升门,学校决定申报艺术学理论一级学科硕士学位授权点。此后,按照学校的部署安排,我将自己学术和工作的重心转到艺术学理论学科。由此,结识了活跃和引领这个学科领域的仲呈祥、凌继尧、彭吉象、王廷信、夏燕靖等先生。我在杭州师范大学工作期间,有几位好朋友,其中有一位是音乐学院的李荣有教授。当时，在艺术学理论这个领域，我是个新人"小白"。李荣有教授热情地给我引荐各位先生。记得仲呈祥先生听李荣有老师报出我的名字时，就问我："你的美学文丛编完了吗？"这让我颇感汗颜和意外。《中国现代美学名家文丛》（以下简称《文丛》）6卷，启动于2007年我博士后出站后，在杭州师范大学组织完成，2009年由浙江大学出版社初版。一开始编辑过程中，主要咨询请教了美学、文艺学领域的专家学者，但没有专门向艺术学领域的专家请教，这确实有点不应该。我赶紧跟仲先生说："我们马上给您寄。"他跟我说，他的导师钟惦棐先生，也是很重视美学的。会后，我将《文丛》全套寄给他。此后，我跟仲先生一直保持学术上的联系。仲先生非常关注我们的项目和进展，他屡屡在各种场合对我的中国现代美学资源发掘、艺术学理论民族学理建设、中华美学精神阐释建构、人生论美学建构建设等研究工作和观点立场，旗帜鲜明地给予褒扬肯定。凌继尧先生和王廷信先生，都是艺术学理论领域众所周知的前辈学者，对于学科建设的引领与贡献，有目共睹。两位先生也多次到杭州参加我们组织的学术活动，几乎有求必应，倾力支持。凌继尧先生是朱光潜先生的关门弟子，我们的"审美·艺术·人生"学术文化沙龙，第一讲邀请的就是凌先生，我们第一次听凌先生回忆他当年求学的故事，他是如何考入朱光潜先生门下的传奇经历。彭吉象先生和夏燕靖先生均是我们《文丛》新版的专家委员。彭先生学养深厚，大气谦和，对我们的研究热情给予鼓励和肯定。夏先生严谨认真，每次请他给我们提意见，他均是认认真真地给出详细意见，尽显学者本色。

一路走来，还有许多因研究而相识相知的朋友们，媒体的朋友们，出版社的朋友们，我的同门、同事、同好、故交们，我们美学中心和艺术学理论所的同人们，多年来一起精诚合作、鼎力支持的伙伴们，素未谋面但通过各种方式交流思想见解、彼此鼓励支持的朋友们。得遇你们，此生至幸！

美学、文艺学、艺术学理论，作为人文学，有着天然而内在的联系，可以说，它们的意趣内核是一致的，都是关切于人的心灵和精神。记得离开台州师范专科学校若干年后，忽一日，接到一个陌生的电话，对方自报家门，原来是我在台州师范专科学校第一次担任班主任的班上学生，那个班上年纪最大、比我仅小一岁的学生。可以说，那一刻我惊喜至极。遗憾的是，当时我在南京开会，未能晤面。后来，又都忙碌于各自的轨迹，不曾再见。岁月流逝，有了微信，联系交流就方便了。他把同学们的照片传给我，也把我的信息传给班上同学。他跟我说，自己有残疾，当年是我，把他招进了班上，使他得以迈进了大学的校门，从此改变了他一生的命运。这个事情，我几乎没有什么印象了。他留给我的，就是那个清清瘦瘦的清爽形象。对于一个老师，收下一个前来求学的学子，是一件极自然而然的事情。在生命的旅程中，我们认真过，执着过，开怀过，伤心过，煎熬过。而又有什么，比得上那些温润的时刻蕴藏的美意和褒奖？！

生命中的真实与生动、酸甜与苦辣、饱满与激情、蹒跚与前行，风过处，亦温馨。

2021 年 11 月 30 日成稿于杭州运河畔松风居
2025 年 2 月 19 日校订于杭州运河畔松风居

后 记

这本书的成稿，比较特别，在此小记数笔。

"趣"，是中华美学非常重要的一个范畴。很长时间里，我们的美学话语和美学理论，对"境"关注较多，对"趣"则有所忽略。其实，"趣"和"境"，都发端于中国古典美学，在20世纪初经梁启超和王国维等建设阐发，转化为富有现代意味的民族化美学范畴，具有较为广泛的使用，特别是它们打通审美、艺术、人生之三维的审美取向、视野、精神，彰显了中华哲学的人生论品格和中华文化的美感韵致。

"趣"，在审美实践中，对中国人来说，既是对艺术的品鉴，也是对人生的品鉴；"趣"，突出了审美主体在审美活动中的主导性。"美趣"的旨向，对洽了中国文化一直倡导的以美育人之题旨。如何理解中国人的"美趣"？现代意义上的"美趣"命题是如何在中华美学话语中生成和建构的？"美趣"的理论命题如何与中国人的审美实践相贯通？"美趣"如何切入中国人鲜活的烟火人生而融入中华美学话语的当代建构？本书试图通过一些典范的个案和一些理论性的思考，来透视这些问题。我以为，中国人的"美趣"，始终是一个富有实践意味的理论话语，具有极大的开放性和在场性。同时，正是因为这种超越理论闭环的立场、视野，使得中国人的"美趣"，以"大"筑基，突破纯美唯艺。而且，中国人的"美趣"，因为始终叩问以美育人，所以它必然回到人自身。如何成就"我"，成就怎样的"我"，也成为中国人的"美趣"的终极命题。

感谢中国文联出版社约稿，使我关于这一主题的思考及其文字得以专书出版。特别感谢邓友女副总编，亲自关心关注具体进展和环节，诚恳、细致，不仅使得本书质量得以确保，也大大鼓舞了我的信心。冯巍主任第一次来电话动员这个选题是在 2023 年年末，当时我还在医院的病床上。转年 2 月，我尚在家里休养，冯主任又来电话接洽催促意向。当时，我对自己是否还能完成一本书这样的任务，信心不足。感谢冯主任给予充分的信任，其间多次沟通，殷殷鼓励，耐心等待。这一年余，时断时续，终得成稿。其间，我的多位同行好友和学生，也倾力给予帮助支持。

完成本书，还有一个重要的动能，就是在此探讨的这个"趣"，这个"美趣"，在我身体生理状态微弱之时，重燃了我的热爱。

这本小书，是在我人生的一个特别阶段诞生的。这或许就是我的美趣与人生了。

金　雅

2025 年春于杭州运河畔松风居